Achim Seiffarth

Faust: das Volksbuch

Illustriert von Gianluca Garofalo

D1380844

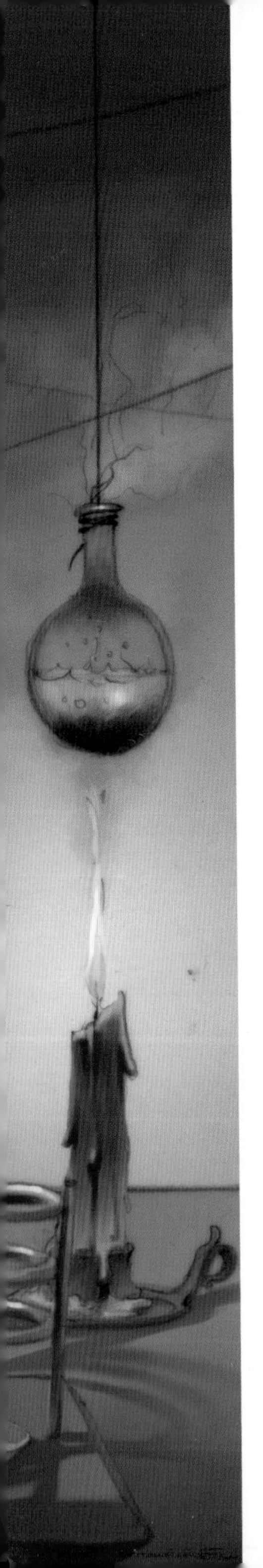

Redaktion: Claudia Schwarz
Projektleitung und Graphik: Nadia Maestri
Computerlayout: Carla Devoto, Simona Corniola
Bildbeschaffung: Laura Lagomarsino

© 2010 Cideb

Erstausgabe: Januar 2010

Fotonachweis:
Cideb Archiv; De Agostini Picture Library:4, 58; Getty Images: 25, 27; LAIF/Contrasto: 59.

Trotz intensiver Bemühungen konnten nicht alle Inhaber von Text- und Bildrechten ausfindig gemacht werden. Für entsprechende Hinweise ist der Verlag dankbar.

Alle Rechte vorbehalten. Die Verbreitung dieses Buches oder von Teilen daraus durch Film, Funk oder Fernsehen, der Nachdruck und die fotomechanische Wiedergabe sind nur mit vorheriger schriftlicher Genehmigung des Verlages gestattet.

Wir würden uns freuen, von Ihnen zu erfahren, ob Ihnen dieses Buch gefallen hat. Wenn Sie uns Ihre Eindrücke mitteilen oder Verbesserungsvorschläge machen möchten, oder wenn Sie Informationen über unsere Verlagsproduktion wünschen, schreiben Sie bitte an:
info@blackcat-cideb.com
www.blackcat-cideb.com

ISBN 978-88-530-0978-4 Buch + CD

Gedruckt in Genua, Italien, bei Litoprint

Inhalt

AUFTAKT 4

KAPITEL **1** **Der Klügste** 6

KAPITEL **2** **Der Pakt** 13

KAPITEL **3** **Ein schönes Leben** 28

KAPITEL **4** **Zweifel** 36

KAPITEL **5** **Der Zauberer** 45

KAPITEL **6** **Auf der Leipziger Messe** 60

KAPITEL **7** **Fausts Karneval** 70

KAPITEL **8** **Faust will heiraten** 79

KAPITEL **9** **Das Ende** 88

DOSSIER Der Wanderarzt kommt 23

Wittenberg – das „Rom der Protestanten" 55

INTERNETPROJEKT 69

ÜBUNGEN 10, 20, 33, 42, 52, 66, 77, 85, 92

ABSCHLUSSTEST 95

Die CD enthält den vollständigen Text.

Rembrandt van Rjin, ***Doctor Faust***, 1650.

Auftakt

Die Geschichte vom Doktor Faustus ist ein Volksbuch. Wer sie aufgeschrieben hat, wissen wir nicht.
1587 ist bei dem Frankfurter Buchdrucker Johann Spieß das Werk wohl zum ersten Mal erschienen. Schon zwei Jahre später arbeitet in England Christopher Marlowe mit dem Stoff. Offenbar hatte die Geschichte großen Erfolg. Es gab viele Nachdrucke und auch Neufassungen.
Als das Buch erschien, muss die Lebensgeschichte des Astrologen

und Nigromanten [1], des Arztes und Wahrsagers Johann Faust schon Legende gewesen sein.
Dr. Faustus hat wohl wirklich gelebt. Aus dem Jahre 1506 gibt es die Visitenkarte eines 'Faustus junior'. Ob das der Johann Faustus ist, der 1487 in Heidelberg sein Studium der Theologie und der Medzin abschloss? Dann müsste er um 1460 geboren sein. Nach 1500 liest man öfter von einem Arzt namens Faust, der durch Süddeutschland reist. Er war wohl nicht von allen gern gesehen. In den Akten der Städte wird er als Nigromant genannt. Er muss Erfolg gehabt haben, denn man hat ihn nicht vergessen.
1541 ist in Staufen bei Freiburg in einem Wirtshaus ein Mann bei einer Explosion ums Leben gekommen. Sein Name soll Johann Faust gewesen sein. Ob das eine Explosion war oder ob der Teufel ihn geholt hat, wissen wir natürlich nicht.
Der Faust hat viele große Schriftsteller inspiriert, von Marlowe über Goethe und Grabbe bis Thomas Mann. Für Kunst, Politik und Wissenschaft scheint die Idee, seine Seele dem Teufel zu verschreiben, um Erfolg zu haben, besonders naheliegend zu sein.

Chronologie

1587	Erste Ausgabe des Volksbuchs in Frankfurt bei Johann Spieß
1589	Christopher Marlowe: *The Tragical History of Dr Faustus*
1791	Friedrich Maximilian Klinger: *Fausts Leben, Thaten und Höllenfahrt.*
1808	Johann Wolfgang von Goethe: *Faust. Der Tragödie erster Teil.*
1828	Christian Dietrich Grabbe: *Don Juan und Faust.*
1832	Johann Wolfgang von Goethe: *Faust. Der Tragödie zweiter Teil.*
1947	Thomas Mann: *Doktor Faustus.*

1. **r Nigromant:** Wahrsager, Zauberer.

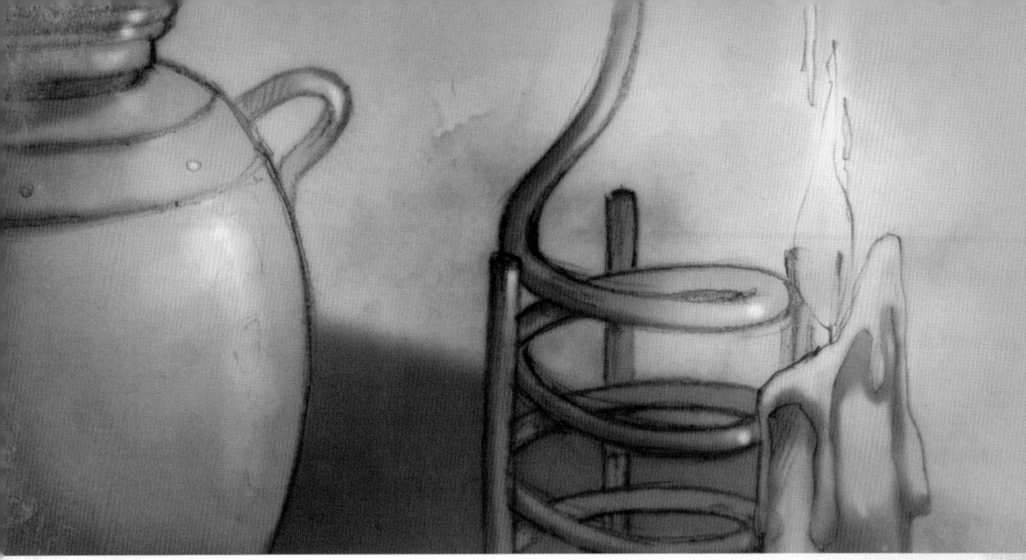

KAPITEL 1

Der Klügste

Die Kartoffelsuppe steht auf dem Tisch. Nur der kleine Johann ist nicht da. 

„Wo ist der Junge nur schon wieder?“ fragt die Mutter.

Der Vater weiß es auch nicht.

Johann ist morgens wie immer in die Schule gegangen. Aber mittags ist er nicht nach Hause gekommen.

„Die Zigeuner [1] sind im Dorf“, sagt Johanns kleiner Bruder.

„Die Zigeuner?“ fragt die Mutter ängstlich.

„Johann wollte zu ihnen gehen“, erklärt ihr der Kleine.

„Zu den Zigeunern? Mein Sohn?“ Vater wird böse.

Eine Stunde später steht Johann in der Küche.

Die Suppe ist kalt.

„Ja“, antwortet er auf die Frage des Vaters. „Ich war bei den Zigeunern!“

1. **r Zigeuner(=):** heute sagt man Sinti und Roma.

Der Klügste

Der große Junge sieht den Vater aus dunklen Augen an.

„Und was hatte mein Herr Sohn mit den Zigeunern zu tun?"

„Ich habe mir die Chiromantik erklären lassen!"

„Die was?" der Vater versteht ihn nicht.

„Die Zigeuner können aus der Hand lesen. Das wollte ich lernen!"

„Aus der Hand lesen? Das ist eine Kunst des Teufels!" sagt der Vater böse.

Die Mutter denkt wie ihr Mann: „Ach Junge! Der Pastor hat auch gesagt ..."

Johann lässt sie nicht ausreden: „Das ist ein Dummkopf! Der ist noch dümmer als der Lehrer!"

„Johann!"

„Lass ihn nur", sagt der Vater. „Er hat ja Recht. Hier bei uns im Dorf ..." Er spricht nicht zu Ende. Sie wissen es ja alle. Bei ihnen im Dorf wohnen nur ein paar Bauernfamilien und in der Schule lernen die Kinder wenig: Lesen, Schreiben und das kleine Einmaleins. Mehr weiß der Lehrer auch nicht.

Abends im Bett sprechen die Eltern über Johann.

„Was sollen wir mit dem Jungen machen?" fragt die Mutter.

„Der muss in die Stadt, in eine richtige Schule", antwortet der Vater. „Ich habe meinem Bruder in Wittenberg geschrieben. Du weißt, der hat selbst keine Kinder und vielleicht kann Johann bei ihm wohnen."

Zwei Wochen später kommt Post aus Wittenberg. Der Onkel freut sich auf Johann.

Johann Faust geht in die Lateinschule in Wittenberg. Die Lehrer dort sind besser als der Lehrer zu Hause im Dorf. Johann lernt hier nicht nur Latein, sondern auch Griechisch, Geschichte und Philosophie.

Aber er will mehr. Er will alles wissen. Er liest pausenlos. Er

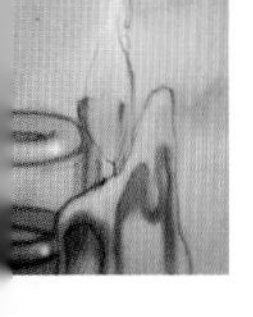

kauft immer mehr Bücher. Auch solche über Alchemie [2] und über Hexerei [3]. Der Onkel gibt ihm das Geld.

„So ein kluger Junge!“ denkt er. Er liebt ihn wie einen Sohn.

Mit sechzehn geht Johann nach Ingolstadt. Der Onkel bezahlt ihm das Medizinstudium. Aber Johann Faust studiert dort nicht nur Medizin. Oft steht er allein im Labor. Er experimentiert. Versucht, Gold zu machen.

Oft trifft man den Studenten im Gasthaus. Er ist als Junge viel allein gewesen. Jetzt sitzt er gern mit den anderen Studenten zusammen, isst und trinkt. Sie sprechen über ihr Leben und ihr Studium, über Medizin und manchmal über die andere Wissenschaft, über das, was ihnen ihre Professoren nicht erklären: die Macht [4] der Magie und die Kraft des Satans. Das fasziniert sie, aber es macht ihnen auch Angst. Mit dem Gold wird es nichts. Doch am Ende des Studiums ist Johann Faust Doktor und auch Experte für Alchemie. Er geht nach Wittenberg zurück. Er praktiziert dort als Arzt. Kurze Zeit später stirbt der Onkel. Er hinterlässt Johann viel Geld, ein Haus und Land. Johann arbeitet nicht mehr. Er kauft seltsame Bücher. Er studiert viel. Schwarze Magie. Abends aber hat er immer Gäste. Sie essen und trinken, lachen und singen zusammen. Über Magie und Alchemie spricht er mit ihnen nicht.

Johann gibt das Geld des Onkels aus. Bald ist nicht mehr viel da. Was soll er tun? Wieder arbeiten? Dazu hat er keine Lust. Und vielleicht weiß er jetzt ein anderes Mittel. Er hat es aus seinen Büchern. Es scheint nicht schwer. Nur darf man keine Angst haben. Johann hat noch nie Angst gehabt. Als Kind nicht, als Student auch nicht. Und jetzt ist er erwachsen.

2. **e Alchemie(X):** Versuche, aus unedlen Stoffen Gold herzustellen.
3. **e Hexerei(X):** Magie.
4. **e Macht(X):** was einer/etwas kann.

Was steht **im Text?**

Textverständnis

1 Was ist richtig? Kreuze an.

1 Familie Faust wohnt
- a ☐ in einer großen Stadt.
- b ☐ in einem Dorf.
- c ☐ isoliert auf dem Lande.

2 Johanns Eltern sind
- a ☐ arm und ungebildet, aber sie verstehen, dass ihr Sohn lernen will.
- b ☐ arm und ungebildet, aber sie wollen nicht, dass ihr Sohn etwas lernt.
- c ☐ arm und ungebildet, aber sie wollen, dass ihr Sohn auch lebt wie sie.

3 Die Handlesekunst
- a ☐ interessiert auch den Pfarrer und den Lehrer.
- b ☐ interessiert den Pfarrer und den Lehrer, aber Johann nicht.
- c ☐ interessiert Johann, aber der Pfarrer meint, man soll das nicht lernen.

4 In Wittenberg
- a ☐ geht Johann in die Schule, aber er ist traurig und denkt oft an seine Eltern.
- b ☐ geht Johann in die Schule, aber er ist traurig, weil er seine Freunde nicht mehr sieht.
- c ☐ geht Johann in die Schule und verbringt jede freie Minute mit Büchern.

5 Johann interessiert sich
- a ☐ nicht nur für die Schule, sondern auch für Alchemie und Hexerei.
- b ☐ nur für die Dinge, die er in der Schule lernt.
- c ☐ nur für einige der Dinge, die er in der Schule lernt.

6 Nach der Schule

a ☐ geht Johann nach Wittenberg, um Medizin zu studieren.
b ☐ geht Johann nach Ingolstadt, um dort Medizin zu studieren.
c ☐ geht Johann nach Ingolstadt, um dort abends zu feiern.

7 Zurück in Wittenberg

a ☐ arbeitet Johann nicht mehr, sondern studiert schwarze Magie.
b ☐ praktiziert Johann zunächst als Arzt, interessiert sich aber auch für Magie.
c ☐ arbeitet Johann nicht mehr, sondern feiert jeden Abend mit Freunden.

Wortschatz: die Landschaft

2 Setze das passende Substantiv von der Liste ein.

Dorf Fluss Gebirge Großstadt Hauptstadt Kleinstadt Land Meer See Staat

1 Ich wohne in einem kleinen ...., in dem es nur eine Grundschule und eine Kirche gibt.
2 Unsere Stadt liegt an einem großen ...., der Donau.
3 Hamburg mag ich sehr, Hamburg liegt am ....
4 Ich möchte in einer .... leben, wo es zwar ein oder zwei Theater gibt, wo aber jeder noch jeden kennt.
5 Das Parlament steht natürlich in der .... unseres Landes.
6 Ich kann nur in der .... leben: die U-Bahn, den chaotischen Verkehr, die vielen Kinos und Theater, die vielen Menschen: Ich brauche das.
7 Aufs .... fahren wir manchmal in den Ferien. Leben möchte ich da aber nicht, das ist mir zu langweilig.
8 Die Tschechische Republik ist jetzt ein .... für sich.
9 Eine Stadt am ...., das finde ich schön: da kann man schwimmen gehen oder Boot fahren.
10 Im .... sind die Städte meistens nicht so groß. Im Winter kann man dort Skifahren.

Grammatik

3 Setze eine passende Präposition der Zeit ein, wenn eine fehlt.

1 .... Mittagessen läuft immer der Fernseher.
2 .... August fahren wir natürlich ans Meer.
3 .... 2024 will ich Chef der Firma sein.
4 .... des Studiums habe ich keine Zeit für Sport.
5 .... dem Studium will ich erst einmal ein Jahr lang nichts tun.
6 .... der Englischstunde sehen wir einen amerikanischen Film.
7 .... der Hochzeit will sie ihn nicht küssen.
8 .... dem Regen bleibe ich zu Hause.
9 Was schenkst du mir .... Weihnachten?
10 .... den Sommerferien will ich noch richtig Deutsch lernen.
11 .... morgen esse ich keine Schokolade mehr!

Sprich dich aus

4 Intelligenz ist nicht alles. Der Onkel freut sich über seinen intelligenten Neffen. Aber er denkt nicht daran, dass noch andere Dinge wichtig sind. Was ist wichtig, wenn man ein Kind großzieht? Was soll Priorität haben? Gute Noten in der Schule oder Großzügigkeit? Intelligenz oder Sozialleben?

Schreib's auf

5 Versuch dich einmal an einem kurzen Lebenslauf – von dir oder einem Freund. Wo bist du geboren, wo bist du zur Schule gegangen, was hast du als Kind gerne gemacht?

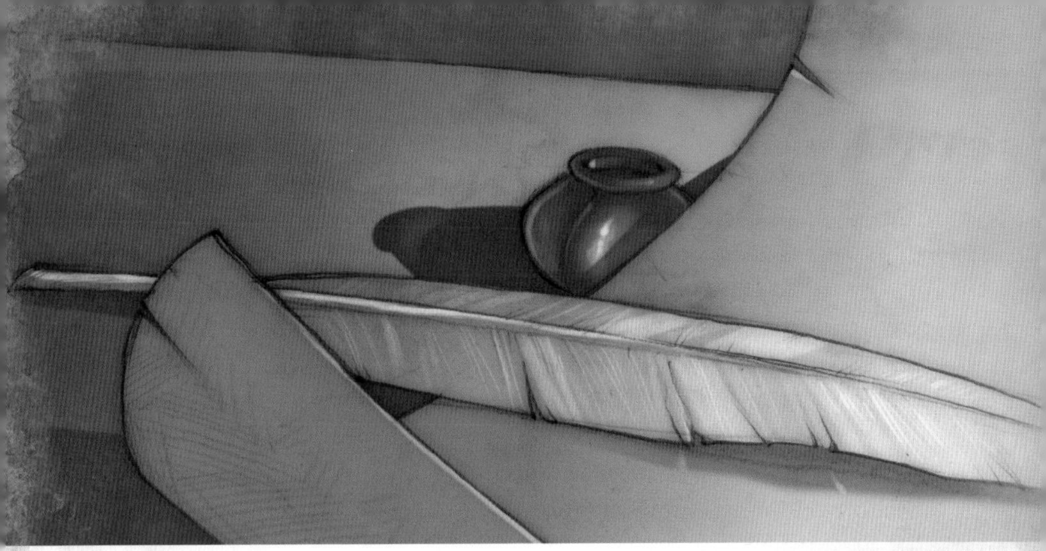

KAPITEL 2

Der Pakt

ines Mittags geht Faust aus der Stadt hinaus. An einer Wegkreuzung bleibt er stehen. Fünf Straßen treffen hier zusammen.

„Das ist der richtige Platz", denkt er. „Hier will ich es versuchen."

In der Nähe gibt es einen Wald.

Dort geht Faust jetzt hin und legt sich unter die Büsche.

Erst als es dunkel geworden ist und kein Mensch mehr zu sehen ist, steht er auf und geht zu der Wegkreuzung zurück.

Der Mond scheint. Faust zeichnet einen Kreis in den Sand. Dann noch zwei kleinere Kreise daneben. Er stellt sich in den großen Kreis und spricht langsam die Worte: „Babel, Babel, Beelzebub, ich warte hier, komm sei so gut!"

Dann sagt er es ein zweites Mal.

Beim dritten Mal spricht er sehr langsam.

Nichts. Faust wartet.

Er sieht in die Dunkelheit. Soll er nach Hause gehen?

Da! Woher kommt der heiße Wind? Plötzlich fliegt ein Feuerkreis auf ihn zu.

Jetzt bekommt er doch Angst. Soll er weglaufen?

„Das", hat er gelesen, „ist der sichere Tod! Ich muss stehen bleiben!"

Faust steht in seinem Kreis. Um ihn herum Feuer. Er kann nichts sehen. Dann wird es wieder dunkel.

Eine Kutsche kommt sehr schnell angefahren. Wer sitzt auf der Kutsche? Faust kann ihn nicht sehen. Oder doch? Zwei rote Augen im Dunkeln.

„Was willst du von mir, Johann Faust?" fragt da jemand sehr laut.

Faust antwortet nicht sofort. Seine Angst ist zu groß.

„Nun, Faust? Ich habe nicht viel Zeit — viel zu tun, verstehst du?" Faust hört ein lautes dunkles Lachen.

„Ich will deine Hilfe...", sagt Faust endlich. „Will Glück und Geld, Macht und Kraft!"

„Ach ...! Na gut. Dann geh mal nach Hause und warte dort auf mich. Morgen komme ich dich besuchen."

Faust sieht der Kutsche nach.

Dann geht er nach Hause.

Er muss lange warten. Den ganzen Morgen sitzt Faust in seiner Stube.

Zur Mittagszeit hört er etwas. Ist da jemand? Dort, hinter dem Ofen: ein schwarzer Kopf mit roten Augen. „Hier bin ich, Faust!" hört er ihn sagen.

„Was machst du denn hinter dem Ofen?" fragt Faust. „Komm doch zu mir an den Tisch!"

„Nein, nein", antwortet der andere. „Hier ist es besser."

Aber Faust will, dass er näher kommt.

Da kommt er. Mehr als zwei Meter ist er groß und hat lange

schwarze Haare am ganzen Körper, wie ein Hund. Aus seinen Feueraugen sieht er Faust an.

„Schon gut, schon gut. Geh ruhig wieder hinter den Ofen!" sagt Faust jetzt.

„Also, Faust, die Sache ist schnell erklärt. 24 Jahre lang will ich alles tun, was du willst. Essen und Kleidung, Frauen und Geld – alles kannst du von mir bekommen. Doch musst du fünf Regeln beachten. Und nach den vierundzwanzig Jahren bist du mein."

„Alles willst du für mich tun? Wirklich alles?" fragt Faust.

„Sag ich doch!"

„Und was sind die fünf Regeln?"

„Erstens: du darfst nicht auf Gott und die Engel hören.

Zweitens: du darfst nicht in die Kirche gehen und keine Predigt anhören. Drittens: du darfst niemals heiraten."

„Kein Problem", sagt Faust.

„Nun mal langsam. Viertens: Tu nie, was der Pastor sagt. Fünftens: du darfst nicht der Freund der Menschen sein und musst gegen alle sein, die Gutes tun, Gottes Wort folgen oder schlecht von dir oder von mir sprechen!"

„Gut", sagt Faust. „Das kann ich akzeptieren."

„Dann schreib das alles auf, von deiner Hand, mit deinem Blut. Ich komme den Pakt dann holen."

„Aber ..."

„Aber?"

„Zieh dir doch bitte etwas an, wenn du zu mir kommst. So, wie du bist, will ich dich lieber nicht mehr sehen."

„Kein Problem, Faust. Du wirst mich auch nicht mehr oft treffen. Denn ich bin der Herr der Finsternis [1] und der ganzen

1. **e Finsternis(se):** wo es sehr dunkel ist.

Welt und habe anderes zu tun, als einem kleinen Menschen wie dir zu dienen. Heute Abend noch kommt in meinem Namen ein Geist zu dir, der dir dienen soll."

Faust ist plötzlich allein im Zimmer.

Er denkt einen Moment nach. „Soll ich oder soll ich nicht?"

„Nun: ganz sicher tut dieser Diener des Teufels nicht alles, was ich will. Und dann kann ich immer noch sagen, er hat sich nicht an den Pakt gehalten und ich bin wieder frei."

Oder nicht?

„Himmel hin, Himmel her! Ich will leben und Spaß haben. Wer weiß schon, ob es ein Leben nach dem Tod gibt!"

Faust nimmt ein Messer und schneidet sich eine Ader auf. Das Blut lässt er in ein kleines Glas laufen. Damit schreibt er dann:

„Ich, Johannes Faust, Doktor der Medizin, bekenne hiermit, bei klarem Verstand, dass Gott mir nicht gegeben hat, was ich wollte, und ich die Hilfe des Gottes der Erde, den alle den Teufel nennen, annehme. Er soll alles für mich tun, was ich wünsche. Wenn er das tut, will ich sein sein, mit meinem Körper, den ich von Gott durch meine Eltern bekommen habe, mit meinem Geist und meiner Seele. Ich will nie wieder in die Kirche gehen, keine Predigten anhören und niemals tun, was der Priester sagt. Ich werde niemals heiraten und alle Menschen hassen, die Gutes tun. Was Gott und die Engel sagen, geht mich nichts mehr an. Ich will es nicht mehr hören. Wer Schlechtes über mich sagt, den will ich strafen. Vierundzwanzig Jahre lang soll der Herr der Finsternis mir dienen. Dann kann er mit mir, mit meinem Körper, meinem Geist und meiner Seele [2] machen, was er will. Gott selbst wird dagegen nichts mehr tun können. Dies habe ich mit meinem eigenen Blut von eigener Hand geschrieben.

2. **e Seele(n):** wenn einer tot ist, kommt sie in den Himmel oder in die Hölle.

Faustus, Doktor“

Wenig später steht ein Mann in Fausts Stube. Ein grauhaariger Mönch. Er nimmt das Blatt, auf dem Faust den Pakt geschrieben hat. Dann sagt er:

„Gut, Faust. Deine Seele ist in vierundzwanzig Jahren mein. Bis dahin sollst du einen Diener haben, der jeden deiner Wünsche erfüllt. Er wird so aussehen wie ich jetzt. Und nun, Faust, lebe wohl! Wir sehen uns wieder!“

Dann ist Faust wieder allein.

Am Abend – Faust hat gerade gegessen und sitzt an seinem Schreibtisch – klopft es leise an die Zimmertür.

„Wer kann das sein? Die Haustür ist doch geschlossen! Ach so, der Diener.“

Vor der Tür steht ein grauhaariger Mönch. Faust bittet ihn herein.

„Du bist also mein Diener!“ sagt er zu ihm.

Der Mönch sieht ihn traurig an. „Ich muss, Faust. Sonst mache ich nicht solche Helferarbeit. Aber es sind ja nur vierundzwanzig Jahre. Am Ende wird es für mich eine kurze Zeit gewesen sein und für dich ... nur der Anfang einer schrecklichen, unendlichen Zeit. So will ich jetzt alles tun, was du willst. Was du auch wünschst, du sollst es bekommen. Und du sollst auch keine Angst vor mir haben. Ich bin ja kein hässlicher Teufel, sondern ein Spiritus familiaris, der gern bei den Menschen wohnt.“

„So willst du also im Namen deines Herrn Luzifer mir immer zu Diensten sein?“

„Das will ich tun. Du kannst mich jederzeit rufen. Ich heiße Mephistopheles.“

„Gut“, sagt Faust. „Im Moment brauche ich dich nicht.“

Und schon ist Mephistopheles nicht mehr zu sehen.

Was steht **im Text?**

Textverständnis

1 Teufelsbeschwörung: wie macht man das? Welche Methode ist richtig?

1 Man geht dahin, wo sich fünf Wege kreuzen, und zeichnet dort drei gleich große Kreise. Man stellt sich in einen der Kreise und spricht eine Formel.

2 Man geht dahin, wo sich fünf Wege kreuzen, und zeichnet dort drei Kreise, einen großen und zwei kleine. Man stellt sich in einen der kleinen Kreise und spricht eine Formel.

3 Man geht dahin, wo sich fünf Wege kreuzen, und zeichnet dort drei Kreise, einen großen und zwei kleine. Man stellt sich in den größten und spricht eine Formel.

2 Streiche, was nicht richtig ist.

Faust spricht die Formel aus und der Teufel kommt (*nach ein paar Minuten / sofort*). Faust hat (*keine/ große*) Angst (*und geht weg / aber er bleibt stehen*).

Dann sieht Faust (*den Teufel / zwei rote Augen im Dunkeln*). Aus dem Dunkeln hört Faust jemanden sagen: „Ich komme (morgen / nicht) zu dir. (*Bleib hier stehen / Geh nach Hause*) und warte."

Am nächsten (*Morgen / Mittag*) kommt der Teufel zu Faust, aber er will (*unter dem Tisch / hinter dem Ofen*) bleiben.

Dann erklärt er Faust, dass er mit ihm (*einen Pakt / einen Frieden*) schließen will und dass Faust (*fünf Themen / fünf Regeln*) beachten muss.

Er darf (*immer wieder / nicht mehr*) in die Kirche gehen, (*muss / darf nicht*) heiraten und er muss (*gegen / für*) Menschen sein, die Gutes tun. Er (*darf nicht / soll*) auf das hören, was Gott und die Engel sagen, und (*soll immer / darf nie*) tun, was der Pastor sagt.

3 Welches Wort passt? Schreibe es in die Lücke.

1 Faust schreibt den Pakt mit ....

a ☐ Tinte. b ☐ Blut.

2 Nicht der Teufel will Faust dienen, sondern ein .... soll das tun.

a ☐ Geist. b ☐ Mann.

3 Faust hofft, der Teufel kann nicht alles tun, was er will, und er wird wieder ....

a ☐ frei. b ☐ arbeitslos.

4 Der Teufel will Faust 24 Jahre lang dienen und dafür Fausts ....

a ☐ Geist. b ☐ Seele.

5 Am Abend klopft es an Fausts Zimmertür und da steht ein ....

a ☐ Mönch. b ☐ Teufel.

6 Dieser Mönch ist in Wirklichkeit ein ....

a ☐ Mann. b ☐ Geist.

Wortschatz

4 In diesem Kapitel gab es viele interessante Substantive. Setze ein, was passt.

Diener Feuer Glück Kraft Kutsche
Kreis Macht Ofen Pastor Stube

1 Nach einem .... sieht man nur Asche.

2 Als man noch nicht mit dem Auto fuhr, nahm man die ....

3 Faust zeichnet einen .... auf den Boden.

4 Ich will Politiker werden oder Industrieboss. Ich will ....!

5 Der .... hält das Zimmer warm.

6 Die Kiste ist zu schwer für mich. Ich habe zu wenig ....

7 Morgen hast du das Staatsexamen? Ich wünsche dir viel .... !

8 Der .... hält in der Kirche eine Predigt.

9 Das mache ich nicht selbst. Den Tisch deckt mein ....

10 Ein kleines Zimmer heißt auch ....

Grammatik

5 Setze eine passende Präposition ein.

1 Faust springt .... den Kreis.
2 Da steht eine Kutsche .... ihm.
3 Eine seltsame Kreatur sieht ihn .... roten Augen an.
4 .... meine Eltern habe ich von Gott diesen Körper bekommen.
5 .... Studierzimmer ist es kalt.
6 Der Teufel ist sehr hässlich und bleibt lieber .... dem Ofen.
7 Da klopft es .... der Tür.
8 Wer kommt da .... Zimmer?
9 Der Teufel setzt sich .... den Stuhl.
10 Er spricht .... Faust.
11 Faust soll seine Unterschrift .... den Pakt setzen.
12 Danach verlässt der Teufel das Zimmer .... Fenster.
13 Der Pakt muss .... deiner Hand geschrieben sein.

Sprich dich aus

6 Faust verkauft seine Seele, um gut leben zu können und einen Höllengeist zum Diener zu haben. Andere arbeiten und studieren einfach sehr viel, um Erfolg zu haben. Was meinst du, was ist der richtige Weg?

Schreib's auf

7 Erzähle kurz die Geschichte einer Person, die Erfolg gehabt hat (ein/e Politiker/in, Fernsehmoderator/in, Milliardär/in). Schreibe vor allem, wie und warum er/sie Erfolg gehabt hat. War er/sie besonders fleißig, besonders intelligent oder besonders skrupellos?

Der Wanderarzt kommt

Die Tage sind sich alle gleich. Im Sommer gehen die Bauern aufs Feld, die Frauen sind im Haus oder auf dem Marktplatz, die Kinder – vielleicht – in der Schule. Da fährt ein Wagen ins Dorf. Am Markt bleibt er stehen. Was will der hier? 'Dr. Eisenbarth' steht auf dem Wagen. Immer mehr Leute kommen. „Dr. Eisenbarth? Der hat doch meinem Onkel den Arm amputiert!" erzählt einer. Ein anderer weiß: „Der kann zaubern!"

Sie stehen da und warten. Da steigt er heraus. Er trägt einen schwarzen Talar, vielleicht einen langen grauen Bart?

„Leute, habt ihr Schwierigkeiten – kranke Zähne, Augen, Beine – so werd ich euch Medizin bereiten!" Er verkauft Medikamente. Zu dieser Zeit gibt es nur in großen Städten Apotheken. Auf dem Lande geht, wer krank ist, zu einer alten Frau im Dorf, die ihm etwas

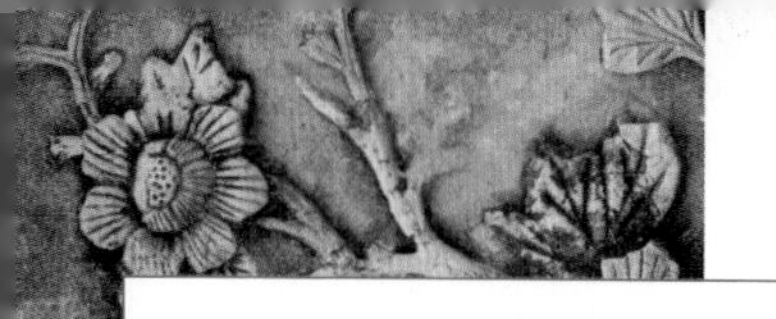

mischt aus Kräutern. Oder er wartet, bis wieder einer der wandernden Ärzte und Apotheker kommt. Ob sie helfen, die Salben und Säfte des fremden Arztes? Wer weiß.
„Ich bin der Dr. Eisenbarth, mach Blinde sehend, Lahme gehend!" Arzt und Chirurg ist er auch. Er sticht den Star. Er zieht den Zahn. Wo hat er das gelernt? Auf der Universität? Oder in langen Jahren auf den Landstraßen Europas? Wer weiß.
Deshalb ist der Name wichtig. Der Eisenbarths (1662-1727) ist eine Garantie. Man kennt ihn in ganz Süddeutschland. Man schreibt sogar über ihn. Er soll gut sein, sehr gut. Vielleicht steht er mit dem Teufel im Bunde? Woher kennt er die Geheimnisse des menschlichen Körpers, wenn nicht vom Teufel?

Arzt werden

Oft haben Ärzte wie Eisenbarth ihren Beruf wie ein Handwerk gelernt. Ja, sie haben eine Lehre gemacht, als Okulist [1] zum Beispiel. Andere haben eine akademische Bildung, aber …
auf der Universität kann der Arzt seine Kunst nicht lernen. Dort wiederholt man seit Jahrhunderten auf Latein die Theorien des Claudius Aelius Galenus (129-216 n. Chr.). Wer ein guter Arzt sein will, bleibt nicht lange auf der Universität. Das war schon zu Zeiten des Paracelsus (1493-1541) so.
Das traditionelle Wissen, die scholastische Terminologie, die lateinischen Vorlesungen, damit kommt man nicht weit. Paracelsus zum Beispiel lehrte nur kurze Zeit an der Universität, er tat es auf Deutsch, schon das war ein Skandal. Er lebte einige Zeit in Salzburg, er arbeitete an den Universitäten in Freiburg und Basel. Aber er konnte nie lange bleiben. Er kritisierte die traditionelle Medizin und

1. **r Okulist(en)**: Augenarzt.

David Teniers der Jüngere, ***Der Alchimist***, 17. Jahrhundert.

die anderen Ärzte, er kritisierte die Apotheker – und das auf Deutsch. Die meiste Zeit seines Lebens war er auf Wanderschaft. So wurde er als Arzt berühmt. Denn er hatte nicht nur in Büchern studiert, sondern von der Natur gelernt, von den vielen tausend Patienten, die er behandelt hat, aus Experimenten und … auch das: aus verbotenen Schriften. Nicht nur den Professoren, auch der Kirche waren die wandernden Ärzte suspekt. Je besser er war, desto mehr. Auch die Sage des Doktor Faustus kommt vielleicht daher … .

Arzt und Alchimist

Wer Leute gesund machen will, muss ihnen auch Medikamente geben. Die macht er selbst. Apotheken sind sehr selten und wer weiß, was sie dort verkaufen? Der Arzt muss also auch mit Botanik und Chemie vertraut sein. Und auch hier ist der Teufel nicht weit. Eine wissenschaftliche Chemie gibt es nicht. Wer mit den Elementen, mit Alkalimetallen und Salzen experimentiert, ist ein Alchimist und glaubt vielleicht auch, eines Tages Gold machen zu können. Die Könige und Fürsten Europas halten sich oft einen Alchimisten: man weiß ja nie – vielleicht finden sie die Methode und machen wirklich Gold. In Wirklichkeit sind viele Alchimisten seriöse Leute, die bei der Metallproduktion helfen, Glas machen oder die Oxidation verstehen wollen. Doch wenn sie Pech haben, werden sie von einem Fürst eingeschlossen, der hofft, sie könnten die Methode finden, sein Portemonnaie aufzufüllen. So ging es im Jahre 1701 auch dem

Ein Alchimist sucht nach dem Stein der Weisen.
Neben ihm, seine Helfer, 1618 ungefähr.

Apothekergehilfen August Friedrich Böttcher mit dem König von Sachsen, August dem Starken. Zu seinem Glück machte dieser August Böttcher zwar kein Gold, aber er fand eine Methode, feines weißes Porzellan zu produzieren. Mit diesem Meißener Porzellan füllt das Land Sachsen bis heute seine Staatskasse.

1 Was ist richtig?

1 ☐ Wer Arzt werden wollte, musste studiert haben.
2 ☐ Die Kirche liebte die Wanderärzte sehr.
3 ☐ Die Wanderärzte verkauften auch Medizin.
4 ☐ Ärzte interessierten sich oft auch für Alchemie.
5 ☐ Die Alchimisten konnten Gold machen.
6 ☐ Ein Alchimist hat das Meißener Porzellan erfunden.

KAPITEL 3

Ein schönes Leben

Faust ist guter Dinge [1]. Jetzt hat er einen Helfer und kann im Luxus leben.

4

Oder nicht?

Er sieht in seine Kasse. Sie ist bald leer. All die Bücher, die großen Abendessen mit vielen Gästen. Seit einiger Zeit spielt er auch und verliert viel. Er muss wieder zu Geld kommen. Aber wie?

„Mephistopheles!" ruft Faust seinen Diener. Er erklärt ihm die Situation.

„Aber mein Herr!" antwortet Mephisto. „Mach dir keine Gedanken. Du hast doch mich. Deinen treuen Diener. Und du sollst alles bekommen, was du brauchst. Du hast nur noch wenig Geld? Das ist nun wirklich kein Problem. Teller, Gläser und Schüsseln hast du. An den Rest denke ich. Ich will dein Koch und Kellner sein. Nur eine Magd [2] darfst du nicht nehmen, die ihre

1. **guter Dinge sein:** gut gelaunt sein.
2. **e Magd("e):** archaisch für Frau, die im Haus hilft.

Nase in unsere Küche steckt und anderen Leuten davon erzählt. Einen Famulus [3] oder Jungen darfst du dir nehmen. Auch Freunde und Gäste einladen, jeden Abend, wenn du willst. Mit ihnen sollst du Spaß haben und fröhlich sein."

Das hört Faust gern. Doch ganz klar ist ihm die Sache nicht.

„Mein lieber Mephistopheles, woher willst du denn all das bekommen, was wir hier essen und trinken?"

„Mein lieber Faust, auch Kleider und Schuhe und alles, was du brauchst. Ich kann diese Dinge von Königshöfen holen oder aus dem Palast des Sultans. Ich mach das schon. Nur eins musst du tun, lieber Faust. Ich weiß ja nicht, was du am liebsten isst und trinkst. Schreib mir also bitte auf, was abends und morgens auf dem Tisch stehen soll. An alles andere denke ich."

Das lässt Faust sich nicht zweimal sagen. Er nimmt ein Blatt Papier und schreibt auf, was er zu Abend essen will: „gebratene Hühnchen, Rinderbraten, Gänseleber". Dazu schreibt er die Namen dreier teurer und seltener Weine. „Ich will doch einmal sehen, was dieser Mephistopheles kann!" denkt er.

Abends um sieben ist der Tisch gedeckt. Neben dem Teller steht ein schön gearbeiteter goldener Trinkbecher. „Wo kommt denn dieser Becher her?" will Faust wissen.

„Frag das nicht, lieber Faust. Freue dich einfach über seine Schönheit."

Brötchen und alles andere liegt schon auf dem Tisch. Mephistopheles bringt dann sechs oder acht Teller mit leckerem Essen. Alles ist warm und schmeckt sehr gut. Die drei Weine, die Faust haben wollte, bringt Mephistopheles auch.

„So gut habe ich noch nie gegessen! Danke, Mephistopheles!"

3. **r Famulus:** Diener, Student.

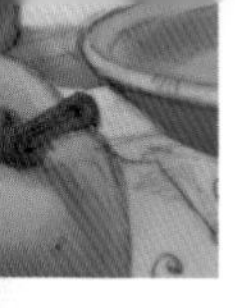

Von nun an braucht er sich um Geld keine Gedanken mehr zu machen und braucht auch nicht zu arbeiten.

Täglich hat er jetzt Gäste. Goldmacher und Studiosen sitzen bei Faust am Tisch. Man isst und trinkt viel. Faust ist fast immer betrunken.

Auf dem Land, das ihm der Onkel hinterlassen hat, arbeitet niemand mehr.

Die Leute in der Stadt, und vor allem die Nachbarn, beginnen zu reden.

„Wovon lebt dieser Faust?“ fragen sie. „Er arbeitet nicht, hat immer Gäste – das kann doch nicht mit rechten Dingen zugehen!“

„Herr“, sagt Mephistopheles eines Tages zu Faust. „Wir müssen das anders machen. Jemand muss auf deinen Feldern arbeiten. Die Leute müssen sehen, wie du dein Geld verdienst.“

„Wie bitte?“ fragt Faust. „Ich soll arbeiten?“

„Aber nein“, antwortet Mephistopheles. „Lass mich nur machen.“

Vom nächsten Tag an sieht man Männer auf den Feldern und im Garten Fausts arbeiten.

„Na also“, sagen jetzt die Leute in der Stadt. „Früher oder später musste er doch ans Geldverdienen denken!“

Nun regnet es in diesem Jahr wenig und die Bauern ernten nicht viel. Auf Fausts Feldern ist die Ernte dreimal so groß. Doch niemand denkt sich etwas dabei.

Jetzt hat Faust immer elegante Schuhe und Kleidung, nur das beste Essen und die besten Weine. In seinem Haus ist es immer warm, auch wenn niemand an Heizung denkt. Und doch ist Faust noch nicht zufrieden.

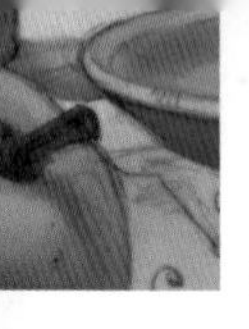

„Das ist ja alles gut und schön, mein lieber Mephistopheles, aber Geld habe ich noch immer nicht. Und ich brauche welches zum Spielen. Ich will auch nicht immer nur zu Hause bleiben, sondern als großer Herr an den Spieltischen im Lande sitzen! Also!"

„Ach, Herr Faust, ich habe dir doch immer alles gebracht, was du brauchst. Auch auf deinen Feldern lasse ich arbeiten und jetzt sprechen die Nachbarn nicht mehr schlecht von dir — wenn du jetzt mit viel Geld unter die Leute gehst ..."

„Ja ja, ich danke dir für alles, was du bis jetzt getan hast. Du hast deine Sache sehr gut gemacht. Aber der Pakt war: du tust für mich, was ich will. Wenn du das nun nicht mehr tun kannst oder willst, sag es nur. Also, bekomme ich das Geld, ja oder nein?"

Mephistopheles sieht, dass Faust böse wird, und antwortet schnell:

„Ja, ja, mein Herr. Denk nicht, ich bin ein Lügengeist [4]! Was du wünschst, sollst du haben! Aber bitte, denk auch an den Pakt. Wenn jemand schlecht über dich oder meinen Herrn spricht, musst du etwas tun."

„Aber natürlich, mein lieber Mephistopheles!"

4. **r Lügengeist(er):** Geist, der nicht dei Wahrheit sagt.

Was steht **im Text?**

Textverständnis

1 Beantworte kurz die folgenden Fragen.

1 Welches Problem hat Faust im Moment?

....

2 Was sagt Mephisto dazu?

....

3 Wen soll Faust nicht ins Haus lassen?

....

4 Was muss Faust nur tun?

....

5 Was tut er jetzt jeden Tag?

....

6 Was sagen die Nachbarn dazu?

....

7 Was will Mephistopheles tun, um die Nachbarn zu beruhigen?

....

8 Warum will Faust auch Geld haben?

....

9 Warum findet Mephisto die Idee nicht gut?

....

10 Warum gibt er es ihm dann doch?

....

2 Interpretation. Fausts Charakter hat sich geändert. Ergänze.

1 Als Kind hat er ....

2 In seiner Schulzeit hat er nachmittags ....

3 Auch als Student studierte er ....

4 Doch begann er als Student auch, ...

5 Im Moment scheint er nur noch an ....

Wortschatz

3 Verben. Was ist das Gegenteil? Verbinde.

a	☐ anhalten	1	befehlen
b	☐ aufmachen	2	schließen
c	☐ sprechen	3	schreiben
d	☐ nehmen	4	zuhören
e	☐ ankommen	5	antworten
f	☐ dienen	6	weiterfahren
g	☐ lesen	7	geben
h	☐ fragen	8	abfahren

4 Hauptwörter. Was ist das Gegenteil? Verbinde.

a	☐ Größe	1	Hass
b	☐ Reichtum	2	Hässlichkeit
c	☐ Schönheit	3	Schwäche
d	☐ Gesundheit	4	Kleinheit
e	☐ Tag	5	Misserfolg
f	☐ Liebe	6	Krankheit
g	☐ Erfolg	7	Nacht
h	☐ Kraft	8	Armut

5 Adjektive. Was ist das Gegenteil?

a	☐ nass	1	großzügig
b	☐ kalt	2	endlich
c	☐ ewig	3	trocken
d	☐ neu	4	warm
e	☐ kurz	5	alt
f	☐ geizig	6	lang

Grammatik

6 **Den Zweck kann man im Deutschen mit der Präposition *zu* + Dativ ausdrücken, oder mit der Infinitivkonstruktion *um ... zu* oder mit der Nebensatzkonjunktion *damit*.**
Verbinde die Sätze zu einer Finalkonstruktion.

Beispiele: *Er kommt zum Tanzen her.*
Er kommt her, um mit ihr zu tanzen.
Er kommt her, damit sie mit ihm tanzt.

1 Er geht in die Schule
2 Er geht in die Schule
3 Er geht in die Schule
4 Er kauft das Radio
5 Er fährt nach Hawaii
6 Er fliegt nach Singapur
7 Wir tanzen auf dem Karneval
8 Wir essen wenig

a einmal richtig ausschlafen
b abnehmen
c ihn Susi dort sieht
d dort surfen
e Deutsch lernen
f die anderen sollen seine Ferien schick finden
g Musik hören
h der Chef soll uns sehen

Sprich dich aus

7 **Was ist für dich 'das schöne Leben'? In einer Großstadt leben, immer viel und gut essen? Viele Freunde haben? Oder in der Schule/im Beruf erfolgreich sein?**

Schreib's auf

8 **Du schließt einen Pakt mit dem Teufel. Was musst du / darfst du nicht mehr tun, und was willst du von ihm?**

KAPITEL 4

Zweifel

Faust hat nun alles: er führt ein großes Haus, er hat Geld, jeden Abend fröhliche Gäste – und doch – manchmal kommen ihm noch Gedanken an Gott, der ihm Körper und Seele geschenkt hat, manchmal denkt er an Himmel und Hölle. In die Kirche darf er ja nicht mehr gehen, auch keine Predigt hören. „Aber ein wenig in der Bibel lesen darf ich wohl!“ sagt sich Faust. „So kann ich meinen eigenen kleinen Gottesdienst zu Hause abhalten und muss nicht nur immer an den Teufel denken und an den Pakt. Es steht ja auch geschrieben: Gott ist gnädig. Vielleicht hilft er mir im letzten Moment und ich muss nicht in die Hölle. Ja, ich will die Bibel lesen!“

Da steht Mephistopheles neben ihm. „Mein Herr, ich will ja nichts sagen. Tu was du für richtig hältst. Aber denke auch an das, was du unterschrieben hast. Was Gott gesagt hat, darf dich nicht mehr interessieren. Nun, wenn du die Bibel lesen willst, ist dagegen nicht viel zu sagen. Die Bücher Mose, vielleicht auch den Hiob darfst du lesen. Doch die Bücher, in denen vom Leben

Christi erzählt wird, dann die Episteln [1] des Paulus lass liegen. Das Beste ist, du liest wieder, was du schon zu Beginn deines Theologiestudiums gelesen hast. Die Kirchenväter sind sicher eine gute Lektüre für dich. Bitte keine Disputationen über die Dreifaltigkeit [2]. Wenn du Diskussionen magst, sind Konzilien, Zeremonien, Messen, Fegefeuer [3] und solche Themen sicher sehr interessant."

Faust wird böse. „Nun, mein Diener bist du und nicht mein Herr. Von dir lasse ich mir doch nicht sagen, was ich lese und was nicht!"

Auch Mephistopheles wird jetzt böse. „So sage ich es dir noch einmal im Namen meines Herren, des größten Herrn unter dem Himmel! Die Bücher des Neuen Testaments sollst du nicht lesen! Sonst passiert etwas! Und das wird dir nicht gefallen!"

Faust antwortet leise: „Ich habe verstanden. Ich darf nicht einmal mehr lesen, was ich will. Jeder darf die Bibel nehmen und darin lesen, nur ich nicht! Ach, was habe ich getan! — Nun gut, die genannten Bücher will ich nicht mehr lesen und über die Dreifaltigkeit nicht disputieren. Dafür aber musst du auch mein Lehrer sein und mir alles erklären, was ich wissen will. Denn du bist ein Geist und hast die Welt gesehen und kennst ihre Mysterien."

„Frage, und ich werde dir antworten", antwortet Mephistopheles.

Den ganzen Abend lang sitzen sie zusammen. Mephistopheles erklärt Faust, wie die Geister zu klassifizieren sind und zu welcher Klasse er selbst gehört.

1. **e Epistel(n):** Apostelbrief im neuen Testament.
2. **e Dreifaltigkeit(X):** Gott Vater, Sohn und der Heilige Geist.
3. **s Fegefeuer(=):** Purgatorium, Ort für Seelen nach dem Tod.

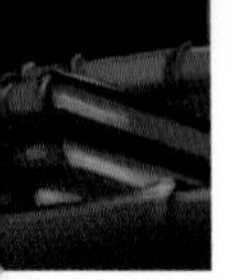

Er erzählt ihm, wie und warum Gott den Teufel nicht mehr im Himmel hat sehen wollen und wie der Teufel zum Herrn der Hölle geworden ist.

„Und im Himmel, wie ist es da?“ will Faust noch wissen. Mephistopheles antwortet nicht gern auf diese Frage.

Aber er antwortet.

Er erzählt vom Himmel, von den Engeln vor Gottes Thron und vom Paradies. Dann spricht er wieder von den Teufeln. Wie sie hoffen, doch noch in den Himmel zu kommen, und doch immer in der Hölle bleiben müssen.

Am Ende seiner Erzählung sagt Mephistopheles einige seltsame Dinge: „Ich bin ein Geist und nie etwas anderes gewesen. Ich denke aber, als Mensch kann man nur Tag und Nacht seine Hände zum Himmel heben voll Dankbarkeit zu Gott. Er hat sie geschaffen. Er hat seinen Sohn Mensch werden und auf der Erde für die Menschen sterben lassen. Er schenkt dem Menschen das ewige [4] Leben im Paradies. Der Teufel hat nur eins zu geben: die Hölle. Und du, Faust, bist ein Mensch, und hast Gottes Gaben nicht haben wollen, wolltest nur dein kurzes Leben im Luxus verbringen, hast dem Teufel deine Seele gegeben und wirst ewig in der Hölle dafür bezahlen müssen.“

Da sagt Faust nichts mehr und lässt Mephistopheles gehen.

In dieser Nacht kann Faust nicht einschlafen. Immer wieder hört er die Worte seines Dieners.

„Wie bin ich dumm gewesen!“ denkt er. „Gott hat mir Leib und Seele gegeben und ich? Ich verschenke diese Gaben! Warum bin ich Gott nicht dankbar gewesen? Das ewige Leben, ich habe es

4. **ewig:** was immer dauert, kein Ende hat.

verschenkt, für ein kurzes Leben in Reichtum und Luxus! Nun ist es zu spät. Nicht einmal mit einem Pastor darf ich mehr sprechen! Was habe ich getan?"

Auch am nächsten Tag denkt Faust immer über noch sein Leben nach.

„Sag mal", spricht er beim Mittagessen Mephisto an, „habt ihr schon früher gewusst, dass ich der richtige Mann für euch bin, wie bei anderen gottlosen Menschen?"

„Ja natürlich", antwortete Mephistopheles. „Schon als Kind hast du die Chiromantik lernen wollen, wenn die andern Kinder in die Kirche gingen.

Da wussten wir gleich: das ist der richtige für uns.

Von Jugend auf lebtest du nicht nach Gottes Wort. Als Student hast du dich immer nur für Bücher über schwarze Magie interessiert.

Wir sahen deine Gedanken und wussten schon: der kommt später von selbst zu uns. Wir machten deine Gedanken dann noch frecher: so ließen sie dir Tag und Nacht keine Ruhe. Du wolltest nur noch eins: Zauberer werden. Und dann verhärteten wir dein Herz noch mehr. Nichts konnte dich mehr zu Gott zurück führen, als du allein aus der Stadt gingst und Luzifer gerufen hast. Und wirklich hast du meinem Herrn Leib und Seele verkauft, wie du weißt!"

„Das ist wahr", sagt Faust traurig. „Und jetzt ist es zu spät. Warum habe ich nicht auf Gottes Wort gehört? Warum bin ich immer Luzifer nachgelaufen? Ach, was habe ich getan?"

„Das weißt du selbst am besten, mein Lieber", antwortet Mephistopheles.

Faust steht auf und geht aus dem Haus.

Er geht seine Freunde besuchen. Er will trinken und lachen und nicht mehr an Gott und den Teufel denken.

Sein Leben ist wirklich herrlich [5]. Er kann sich nicht beklagen [6]. Er wohnt in einem großen Haus. Er hat teure Möbel und die schönsten Teppiche. Von seinen Zimmern aus kann er im Sommer wie im Winter die Vögel singen hören. Auch ein Papagei und andere seltene Tiere leben in Fausts Garten. Wenn in der Stadt Schnee liegt, ist dort Sommer, die Sonne scheint und es ist warm. Rosen, Narzissen, Margeriten blühen. An der Mauer stehen Oliven- und Zitronenbäume, auch Kirsch- und Apfelbäume hat er: einen kleinen Wald. Es gibt immer frisches Obst in Fausts Garten. An den Äpfelbäumen wachsen auch Kastanien, und an den Kirschbäumen Feigen.

Unten aber im Hause, vor einem Stall an der Einfahrt, liegt Fausts großer Zauberhund, der immer neben ihm durch die Stadt und übers Land geht. Er heißt Prästigiar oder Hexenmeister und hat rote Augen und lange schwarze Haare. Wenn ihm aber Faust mit der Hand über den Rücken fährt, wird das Tier erst grau, dann weiß, auch gelb oder braun.

5. **herrlich:** phantastisch.
6. **sich beklagen:** sich beschweren, lamentieren.

Was steht **im Text?**

Textverständnis

1 Welche Antwort ist richtig? Kreuze an.

1 Was will Faust tun, als er wieder an seine Seele und Gott denkt?
- a ☐ Er will wieder in die Kirche gehen.
- b ☐ Er will manchmal in der Bibel lesen.
- c ☐ Er will den Pastor zu sich nach Hause einladen.

2 Was sagt Mephistopheles zu dieser Idee?
- a ☐ Er sagt Faust, er darf nicht im Neuen Testament lesen.
- b ☐ Er sagt Faust, er darf die Bibel gar nicht lesen.
- c ☐ Er sagt Faust, er darf nur das Alte Testament nicht lesen.

3 Was will Faust jetzt von Mephistopheles?
- a ☐ Mephistopheles soll ihm alle Mysterien erklären.
- b ☐ Mephistopheles soll nicht über den Teufel, sondern nur über Gott und die Engel sprechen.
- c ☐ Mephistopheles soll ihm erklären, warum sie den Pakt geschlossen haben.

4 Was sagt Mephistopheles über Fausts Pakt mit dem Teufel?
- a ☐ Er sagt, das war eine gute Idee, mit dem Teufel einen Pakt zu schließen.
- b ☐ Er findet Fausts Pakt mit dem Teufel dumm.
- c ☐ Er findet, dass die Hölle auch ein interessanter Ort ist.

5 Was weiß Mephistopheles über Fausts Kindheit?
- a ☐ Nichts. Damals kannte er Faust noch nicht.
- b ☐ Er weiß, das Faust schon als Kind Interesse an verbotenen Dingen hatte.
- c ☐ Er weiß nur, dass Fausts Eltern arm waren.

6 Wie lebt Faust jetzt?
- a ☐ Er hat ein schönes Haus mit teuren Möben, nur der Garten ist nicht so schön.
- b ☐ Im Garten ist immer Sommer, und im Haus hat Faust schöne Möbel und Teppiche.
- c ☐ Im Garten hat Faust ein paar teure Möbel, aber im Haus scheint immer die Sonne.

7 Wie ist Fausts Hund?

a ☐ Er ist meistens schwarz, wird aber manchmal auch weiß, gelb und braun.

b ☐ Süß!

c ☐ Groß und schön. Ein Rassetier.

Wortschatz

2 Setze das passende Verb von der Liste ein. Vorsicht, nicht alle Präfixe sind trennbar und nicht alle freien Felder werden besetzt.

abhalten anhören ansehen aufschreiben aussehen
bekommen sich betrinken ernten erzählen nachsehen

1 Mephisto spricht und Faust .... ihn ....

2 Ein schöner Mann! Er .... wirklich gut ....!

3 Der Pastor .... im Keller einen Gottesdienst ....

4 Was .... ich denn zu Weihnachten von euch ....?

5 Faust .... seine Gedanken ....

6 Wir gehen heute ins Gasthaus und ....

7 Er bleibt vor ihr stehen und .... sie ....

8 Im Herbst .... der Bauer die Äpfel.

9 Was .... der alte Mann denn da ....?

10 Der Wagen fährt weiter und wir .... ihm ....

Grammatik

3 Leute wie Faust arbeiteten oft auch als Wahrsager, das heißt, sie sagten den Leuten, was in der Zukunft passiert. Die grammatische Form solcher Sätze ist nicht kompliziert: das Futur bilden wir durch eine konjugierte Form des Verbs *werden* und den Infinitiv.

Beispiel: *Ich heirate dich* → *Ich werde dich heiraten.*

4 **Setze die folgenden Sätze ins Futur.**

1 Ich beende die Schule.

....

2 Nach dem Abitur mache ich eine Weltreise.

....

3 Dann studiere ich Entomologie.

....

4 Nach dem Abschluss heirate ich.

....

5 Ich kaufe mir auch eine Wohnung.

....

6 Wir haben drei oder vier Kinder.

....

7 Meine Frau verdient viel Geld.

....

8 Am Wochenende fahren wir immer ins Gebirge.

....

Sprich dich aus

5 **Dein Freund hat schlechte Laune. Er findet alles langweilig. Erkläre ihm, warum in einem Jahr alles besser sein wird. Mach ihm Mut!**

Schreib's auf

6 **Eine Prognose: Wie wird dein Leben und das deiner Freunde in dreißig Jahren sein? Wie werdet ihr wohnen? Wie werdet ihr euch bewegen? Was werdet ihr essen und trinken? Als was und wie werdet ihr arbeiten?**

KAPITEL 5

Der Zauberer

Im Jahre 1525 leben drei junge Herren von Adel[1] zusammen mit ihren Hauslehrern in Wittenberg. Sie besuchen hier die Universität. Sie erfahren, dass der König von Bayern in München heiraten soll. Die Hochzeit soll sehr groß und teuer werden: die Könige vieler Länder kommen, es gibt nur das beste und teuerste zu essen und zu trinken.

6

„Ach, warum müssen wir in diesem langweiligen Wittenberg sitzen und können nicht zu dieser herrlichen Feier reisen?" fragen sich die drei jungen Männer, als sie eines Abends bei Faust sitzen.

„Was es da zu sehen gibt! Könige und Königinnen, Prinzen und Prinzessinnen aus dem ganzen Land. Warum können wir nicht hinfahren?" Die Sache ist ihnen aber zu kompliziert. Sie müssen in ein paar Tagen wieder in Wittenberg an der Universität sein und die Reise nach München ist lang.

„Ach, das ist doch kein Problem!" sagt Faust. „Ihr zieht euch

1. **r Adel(X):** Aristokratie.

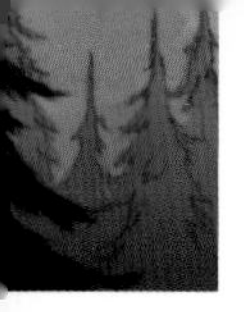

bitte elegant an und seid morgen Früh um fünf in meinem Garten."

Die drei können es erst nicht glauben. Doch haben sie Faust schon öfter zaubern sehen und pünktlich um fünf stehen sie am nächsten Morgen im Garten hinter Fausts Haus. Er wartet schon auf sie. Seinen großen schwarzen Mantel hat er auf den Boden gelegt.

„Setzt euch auf den Mantel!" sagt er ihnen. „Und noch etwas: ihr dürft auf der ganzen Reise und vor allem auf dem Fest in München kein Wort sprechen. Sonst bekommen wir Probleme. Große Probleme."

Sie setzen sich auf den Mantel, Faust setzt sich nach vorn und sagt leise.

„Eene meene Beelzebu -

Nach München bring uns jetzt im Nu!"

Da fliegt der Mantel durch die Luft. Sie sehen die Stadt, dann Felder und andere Städte unter sich, dann nur noch Dunkelheit. Vier Stunden später landen sie in München im Garten der Burg des Königs. Sie stehen auf. Faust legt sich den Mantel um, und sie gehen zusammen zum Tor. Der Hofmeister lässt sie hineingehen. Ein zweiter Mann bringt sie zur Burgkapelle. Er fragt, woher sie kommen. Sie antworten nicht. „Seltsame Leute", denkt er.

Auch nach der Hochzeitszeremonie sagen die vier kein Wort. Die anderen Gäste sehen sie an und sprechen leise über sie. Aber das stört sie nicht. Um zwölf gehen sie zum Mittagessen. Ein Diener trägt das Handwaschbecken herum. Erst wäscht sich Faust die Finger, dann die drei Barone. Der dritte dankt dem Diener: „Sehr nett, wirklich!" Plötzlich sehen ihn alle an. Der König, die Gäste, die Diener.

Faust läuft mit den anderen beiden aus dem Saal. „In den Garten, schnell!" sagt er ihnen leise.

Sie springen auf Fausts Mantel und fliegen fort.

Ihr Freund steht jetzt vor dem König.

„Wer bist du und wie kommst du in die Burg?"

Er antwortet nicht.

„Wenn ich jetzt etwas sage", denkt er, „gibt es großen Ärger. Meine Eltern, Faust und dieser Zauberflug ..."

„Sprich, sonst geht es dir schlecht!"

Er antwortet nicht.

„Ins Gefängnis mit ihm. Morgen bringen wir ihn zum Sprechen."

Doch noch in derselben Nacht landet Faust vor dem Gefängnis.

Soldaten stehen an allen Türen.

Faust geht langsam auf sie zu.

„Was wollen Sie hier?" fragen die Soldaten.

„Eene meene Beelzebu –

Denk nicht viel

Und komm zur Ruh!"

Die Soldaten schlafen ein.

Faust nimmt ihnen die Schlüssel ab und geht ins Gefängnis.

Bald steht Faust in der Zelle des Adligen.

„Los! Steh auf! Wir fliegen!"

Vor dem Gefängnis setzen sie sich auf den Mantel und fliegen zurück nach Wittenberg.

„Ich habe euch doch gesagt, ihr sollt den Mund halten!" sagt ihm Faust, als sie in seinem Garten landen.

Schon am Nachmittag ruft Faust wieder Mephistopheles zu sich.

„Ich will heute Abend in die Stadt zum Spielen. Gib mir Geld!"

„Hier hast du dein Geld", sagt Mephisto und legt einen kleinen Sack vor Faust auf den Tisch.

„Aber ..."

„Aber was?" fragt Faust.

„Nun, ehrlich gesagt, wird es mir langsam ein bisschen viel: der Garten, das Haus, Frühstück, Mittagessen, Abendessen mit Gästen und dann brauchst du immer noch Geld. Du hast doch viel von mir gelernt. Da kannst du doch selbst Geld verdienen!"

Faust will sich schon ärgern. Doch dann denkt er: „Da hat er eigentlich Recht. Wozu habe ich denn die ganze Zauberei gelernt? Um reich und berühmt zu werden!"

„Es ist gut, du kannst gehen!" sagt er zu Mephistopheles.

Am Abend geht Faust mit seinen Freunden zu einem Juden.

„Ich brauche sechzig Taler. In einem Monat zahle ich sie dir zurück!" sagt Faust zu ihm.

„Sechzig Taler, das ist viel Geld", antwortet der Jude. „Hast du Sicherheiten?"

„Nun", antwortet Faust. „Machen wir das so: wenn ich dir in einem Monat nicht das Geld bringe, bekommst du mein rechtes Bein!"

„Dein Bein?"

Der Jude sieht ihn an.

„Na gut! Dein Bein willst du sicher nicht verlieren. Unterschreibe hier!"

Faust unterschreibt und der Jude gibt ihm das Geld.

Einen Monat später – Faust hat das Geld natürlich nicht zurückgezahlt – steht der Jude mit ein paar Freunden vor Fausts Haustür. Er hat eine Säge in der Hand.

„Ach ja, das Bein!" sagt Faust und bittet die Männer ins Schlafzimmer.

Er legt sich aufs Bett. „Bitte!"

„Was?" der Jude kann es nicht glauben. „Du willst mir das Geld nicht geben? Aber dein Bein?"

„Ja, nimm es als Pfand. In ein paar Tagen, wenn ich das Geld

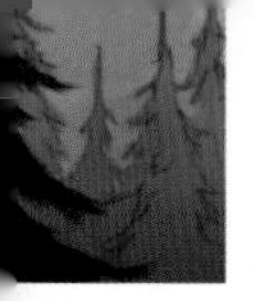

habe, gebe ich es dir und du gibst mir das Bein zurück. Und nun mach schnell, ich habe zu tun!"

Der Jude nimmt die Säge und beginnt seine Arbeit. Faust schreit nicht. Er blutet nicht. Er liegt da auf dem Bett und spricht mit Freunden. Nach einer halben Stunde hat der Jude das Bein abgesägt und steckt es in die Tasche. Faust steht auf, nimmt einen Stock und bringt den Juden an die Tür.

„Also mein Lieber! Wir sehen uns nächste Woche." sagt er.

Der Jude hat jetzt Angst. „Siehst du", sagt einer seiner Freunde, „jetzt hast du ihm das Bein abgesägt, und wenn er stirbt, dann hängen sie dich auf! Und du trägst das Bein auch noch mit dir herum."

„Da du hast Recht!" sagt der Jude. Auf der nächsten Brücke lässt er das Bein in den Fluss fallen und geht schnell nach Hause.

Doch eine Woche später lässt ihn Faust rufen. „Du kannst dir dein Geld holen. Aber bring das Bein mit!"

Der Jude kommt. Faust liegt im Bett.

Der Jude muss Faust sagen, dass er das Bein nicht mehr hat.

„Mein Bein ist weg! Wie soll ich jetzt laufen?"

„Es tut mir Leid, es tut mir so Leid, ich wusste doch nicht ..."

„Schon gut!" sagt Faust. „Aber dein Geld bekommst du jetzt natürlich nicht wieder!"

„Nein, das ist klar", antwortet der Jude.

Faust gibt ihm ein Blatt Papier. „Schreib: Die sechzig Taler, die ich Faust gegeben habe, will ich nicht zurück."

Der Jude schreibt es und setzt dann seine Unterschrift auf das Blatt. Dann geht er nach Hause.

Faust liegt da schon nicht mehr im Bett. Auf beiden Beinen steht er mit seinen Freunden im Gasthaus und lacht über den Juden.

Was steht **im Text?**

Textverständnis

1 Was ist richtig? Kreuze an.

1 ☐ Drei junge Männer wohnen in München und wollen nach Wittenberg.
2 ☐ In München gibt es eine große Hochzeit.
3 ☐ Faust will die drei jungen Männer zur Hochzeit des Königs bringen.
4 ☐ Er sagt ihnen aber, sie dürfen nicht sprechen.
5 ☐ Und sie sprechen wirklich bei der Hochzeit und beim Festessen kein Wort.
6 ☐ Faust und zwei der jungen Männer fliegen sofort nach Wittenberg zurück.
7 ☐ Den anderen lässt Faust in München.
8 ☐ Mephisto möchte gern mehr arbeiten.
9 ☐ Faust will jetzt selbst Geld verdienen.
10 ☐ Aber erst leiht er sich Geld, das er dann zurückgibt.
11 ☐ Er bezahlt das Geld nicht zurück und lässt sich ein Bein abnehmen.
12 ☐ Er hat dann aber trotzdem wieder zwei Beine. Er ist eben ein Zauberer.

2 Wer macht was? Verbinde.

a Einer der drei jungen Adligen
b Faust
c Der König von Bayern

1 ☐ holt den Gefangenen nach Wittenberg.
2 ☐ fragt den jungen Mann, wer er ist.
3 ☐ spricht.
4 ☐ muss ins Gefängnis.
5 ☐ heiratet.
6 ☐ bringt die drei auf seinem Mantel nach München.

3 **Interpretation. Wie "verdient" Faust sein Geld? Welche Rolle spielt der Jude hier?**

Wortschatz

4 **Berufe. Wer macht was? Setze ein.**

Alchimist/in   Apotheker/in   Arzt/Ärztin   Adeliger/Adelige
Bauer/Bäuerin   Diener/in   König/in   Pastor/in   Student/in
Teufel/in   Wahrsager/in   Zauberer/Zauberin

1 Der .... sagt, er kann Gold machen.
2 Die .... macht Leute gesund.
3 Der .... erntet Korn.
4 Der .... jagd Seelen und bringt sie in die Hölle.
5 Der .... serviert den Fünfuhrtee.
6 Die .... verkauft Medikamente.
7 Der .... lernt.
8 Die .... halt sonntags eine Predigt.
9 Die .... sieht die Zukunft voraus.
10 Der .... verwandelt den Prinzen in einen Frosch.

Grammatik

5 **Wie heißt der Komparativ? Setze ein.**

1 Das Haus ist .... (*teuer*) als das Auto.
2 Der Taipeh-Tower ist .... (*hoch*) als der Kölner Dom.
3 Ich singe .... (*gut*) als du.
4 Er verdient .... (*viel*) als ich.
5 Ich bin .... (*alt*) als mein Sohn.
6 Wir sind nicht .... (*krank*) als der Mann dort.
7 Dein Haus steht .... (*nah*) am Dom als meins.
8 Ich finde ihn .... (*sympathisch*) als dich.

Sprich dich aus

6 **Dein Freund jammert, weil er nie Geld hat. Seine Eltern geben ihm zu wenig Taschengeld und er weiß nicht, wie und wo er welches verdienen kann. Gib ihm ein paar Tipps.**

Schreib's auf

7 **Möchtest du gern arbeiten, in den Schulferien oder Semesterferien vielleicht? Oder arbeitest du schon? Beschreibe kurz die Arbeit. (100-150 Wörter) Welche Tätigkeiten machst du bei dieser Arbeit und was kann man dabei verdienen?**

Hörverständnis

8 **Es gibt im Volksbuch noch eine Geschichte, bei der ein Bein eine Rolle spielt. Höre zu und kreuze dann an, was richtig ist.**

1 Faust verkauft
- a ☐ ein normales Pferd.
- b ☐ ein falsches Pferd.

2 Es ist ein
- a ☐ dickes Tier.
- b ☐ Kein dickes Tier.

3 Er bekommt
- a ☐ 14 Taler dafür
- b ☐ 40 Taler dafür.

4 Als das Pferd ins Wasser kommt,
- a ☐ wird es nass.
- b ☐ ist es plötzlich weg.

5 Der Mann will
- a ☐ ein neues Pferd kaufen.
- b ☐ mit Faust sprechen.

6 Er zieht Faust
- a ☐ am Fuß.
- b ☐ an der Hand.

7 Dann hat er plötzlich
- a ☐ eine Hand am Hals.
- b ☐ einen Fuß in der Hand.

8 Er denkt,
- a ☐ das ist lecker!
- b ☐ das ist Zauberei.

Wittenberg, der Marktplatz.

Wittenberg – das „Rom der Protestanten"

Als Luther herkam, war Wittenberg schon ein wichtiges Kulturzentrum. Der Kurfürst von Sachsen, Friedrich der Weise (1463-1525), hatte dort 1502 eine Universität gegründet. Das war etwas Neues: bis dahin hatte nur die Kirche Universitäten ins Leben gerufen. 1503 stand das erste große Gebäude, das Fridericianum. Ein Jahr später kam der Augustinerorden her. Die Mönche im 'Schwarzen Kloster' studierten oder lehrten Theologie in Wittenberg. Unter ihnen war ab 1508 ein Mönch namens Martin Luther (1483-1546). Auch er studiert hier, dann wird er Professor und Prior des

Das Denkmal an **Martin Luther** und seine 95 Thesen.

Klosters. Doch ist er kein normaler Universitätstheologe. Er hat Zweifel an dem, was die Kirche sagt. Vor allem der Papst, die Kardinäle und Bischöfe, ihre luxuriöse Lebensweise und die Finanzierung des Luxus durch Ablässe stört den jungen Luther. 1517 ist es soweit. Luther geht an das Tor der Schlosskirche und hängt dort seine 95 Thesen gegen die Ablasspraxis [1] auf – erzählt man. Wahrscheinlich ist das eine Legende.

Sicher ist: er schickt seine Thesen an andere Dozenten. 1518 schreibt Luther eine zweite, einfachere Version und macht sie öffentlich. Sein

1. **r Ablass(¨e):** in der katholischen Kirche kann man mit Geld die Sünden reduzieren lassen, dafür bekommt man einen Ablassbrief – heute wird das nur noch sehr selten gemacht, aber zu Luthers Zeiten war das verbreitet.

Kardinal meldet Rom, dass hier ein Professor und Ordensprior verbotene Dinge schreibt. Luthers Kollegen reagieren anders: sie organisieren Disputationen, in denen Luther erklärt, was er meint, und mit den anderen Theologen diskutiert. Immer mehr Priester und viele Gläubige folgen Luther. Hier in Wittenberg beginnt die Reformation.

Rom führt einen Ketzerprozess gegen Luther. Weil der bei seinen Ideen bleibt und 1520 die Bulle des Papstes verbrennt, wird er 1521 exkommuniziert. Er wird noch einmal vor den Reichstag in Worms berufen, aber er ändert seine Meinung nicht. Seine Rede dort soll er mit den Worten „Hier stehe ich, ich kann nicht anders" beendet haben. Sicher ist das nicht.

Luther wird für vogelfrei erklärt: wer will, darf ihn töten. Die deutschen Fürsten sind verpflichtet, ihn festzunehmen, wenn sie ihn finden. Friedrich der Weise lässt ihn nach Eisenach auf die Wartburg bringen, wo er sicher ist. Dort übersetzt Luther die Bibel aus dem Griechischen ins Deutsche neu. 1522/23 erscheint das Werk. Es hat großen Erfolg. Etwa ein Drittel der Deutschen soll im Jahre 1525 eine Lutherbibel besessen haben.

In Wittenberg geht die Reformation weiter. Wittenberg wird protestantisch. Viele Mönche und Nonnen verlassen die Stadt und das Land. Es gibt sehr schnell verschiedene Versionen der Reformation, und einige wollen auch politische Veränderungen. Der Revolutionär Thomas Müntzer predigt hier, Wiedertäufer treten auf. Der Rat der Stadt bittet Luther, zurückzukommen und Ordnung zu schaffen. 1525 hält Luther die erste deutsche Messe ab. Im selben Jahr heiratet er Katharina von Bora, eine ehemalige Zisterzienserin. Luther hat das Zölibat für seine Pfarrer aufgehoben und die Klöster aufgelöst.

Lucas Cranach, ***Katharina von Bora***, 1529.

Bis 1545 bleibt Luther Professor in Wittenberg.
Diese Zeit ist kulturell die lebhafteste Epoche der Wittenberger Geschichte. Schon seit 1505 ist hier auch ein berühmter Maler tätig: Lucas Cranach der Ältere (1473-1553). Er baut in Wittenberg eine eigene Malschule mit vielen Helfern auf – und besitzt auch eine Apotheke und ein Gasthaus. Aber vor allem ist er der Maler der Reformation. Seine Porträts von Luther und seiner Frau sind auf der ganzen Welt bekannt.
Wer heute als Tourist nach Wittenberg kommt, wird sich daher sicher alles ansehen wollen, was mit der Geschchte der Reformation zu tun hat. Es stehen die Schlosskirche (im Jahre 1884 zur Reformationsgedenkstätte umgestaltet) und die Stadtkirche auf dem Programm, wo die ersten evangelischen Gottesdienste abgehalten wurden. Das seltsame Haus des Reformators Philipp Melanchthon, die Universität und das Lutherhaus dürfen nicht fehlen.
An Lucas von Cranach erinnern die beiden Cranach-Höfe, wo heute Malkurse organisiert werden und Touristen auch Übernachtungsmöglichkeiten finden.
Hier in Wittenberg wird eine entscheidende Epoche nicht nur der deutschen Geschichte lebendig.

Lutherstadt historische Druckerstube Cranachhof, Wittenberg.

Warum aber lebt der Faust unseres Volksbuchs in Wittenberg? Heißt das, in der Stadt der Lutheraner steht man dem Teufel nahe? Nein, wahrscheinlich hat der Autor Wittenberg gewählt, weil die Stadt zu dieser Zeit, zu Beginn des sechzehnten Jahrhunderts, ein Kulturzentrum mit einer wichtigen Universität ist. Nicht zufällig hat Faust ja Studenten zu Gast. Die trinken, lachen und diskutieren gern.

1 Beantworte kurz die folgenden Fragen.

1. Warum kam Luther nach Wittenberg?
2. Was war an der Wittenberger Universität anders als an den anderen?
3. Warum wollte der Stadtrat, dass Luther 1523 nach Wittenberg zurückkam?
4. Wer war Philipp Melanchthon?
5. Wen hat Lucas Cranach der Ältere gemalt?

KAPITEL 6

Auf der Leipziger Messe

Einige polnische Studenten wollen zur Messe nach Leipzig.

„Vielleicht kann Faust uns hinbringen, das geht schneller."

Faust sagt ja.

Am nächsten Morgen wartet er mit einem Pferdewagen vor seinem Haus auf sie.

„Was ist das? Wo ist denn da die Zauberei?" fragen sie.

Nach einer halben Stunde läuft ihnen eine schwarze Katze über den Weg.

„Vielleicht war das keine gute Idee, das mit der Reise nach Leipzig."

Nach wenigen Stunden kommen sie in Leipzig an.

„Schon da? Wie geht denn das?" fragen sie jetzt.

„Tja." Faust lächelt.

Die jungen Männer gehen in ihr Gasthaus.

Faust sieht sich um.

Viele Menschen sind auf der Straße.

„Na hier ist was los!" sagt Faust.

Da steht Mephistopheles neben ihm.

„Ja, und Zauberer gibt es auch!" sagt er.

„Zauberer?" fragt Faust. „Hier gibt es nur einen Zauberer und das bin ich!"

Mephistopheles lacht leise und führt ihn zu einem Platz. Dort stehen viele Menschen. In der Mitte des Platzes steht eine Gruppe von fünf Männern. Einer von ihnen hat ein großes Messer in der Hand. Auf dem Boden liegt ein roter Teppich. Hinter den Männern steht ein Tisch mit einer Vase. In der Vase vier Blumen. Daneben steht ein Barbiersstuhl und ein Barbier.

„Was soll das Theater?" fragt Faust.

„Warte nur", antwortet Mephistopheles.

Einer der Männer geht auf dem Teppich in die Knie. Der mit dem Messer stellt sich hinter ihn und ... schneidet ihm den Kopf ab. Er nimmt den Kopf und gibt ihn dem Barbier. Der Barbier stellt den Kopf auf den Stuhl und rasiert ihn. Dann gibt er ihn zurück. Der mit dem Messer setzt den Kopf wieder auf den Körper. Eine der Blumen in der Vase fliegt in die Luft und zurück in die Vase. Da steht der Geköpfte auf und lacht. Er geht zum Publikum und bittet um Geld.

Die Leute geben viel.

So geht das dreimal.

„Mal sehen, was sich da machen lässt", sagt Faust. Der Mann mit dem Messer schneidet dem vierten Mann den Kopf ab und gibt den Kopf dem Barbier.

„Beelzebu – keiner sieht zu!" Faust geht schnell hinter den Tisch. Niemand kann ihn sehen. Er nimmt die vierte Blume aus der Vase und geht wieder weg.

Der Barbier gibt den Kopf zurück. Der Mann mit dem Messer setzt ihn auf den Körper des Geköpften und – der Kopf fällt auf den Boden.

„Nein!“ das Publikum kann es nicht glauben. Der Mann versucht es noch einmal: nichts zu machen. Der Geköpfte ist und bleibt tot.

„Die versuchen das nicht wieder!“ Faust lacht leise und geht.

Auf der Straße trifft er Freunde.

Er lädt sie ein. „Kommt doch mit! Wir trinken was zusammen!“

Vor einem Gasthaus steht ein Wagen. Die Tür zum Keller ist geöffnet. Vier Männer versuchen, ein großes Fass Wein aus dem Keller zu tragen. Aber es ist zu schwer.

„Was ist denn das?“ lacht Faust. „Vier Männer für ein Fass! Das kann doch einer allein!“

„Ach ja?“ die vier Männer werden böse.

Da kommt der Wirt und hört, was Faust sagt.

Auch er wird böse. „Hör mal, du Neunmalkluger [1]! Wenn du das Fass alleine aus dem Keller auf die Straße bringst, schenke ich es dir!“

„Du schenkst es mir?“ fragt Faust noch einmal.

„Ja! Und wenn nicht, ...“

„Habt ihr das gehört?“ fragt Faust seine Freunde.

„Nun komm schon, Faust“, antworten sie. „Es ist besser, wir gehen weiter!“

„Ach was!“ Faust geht in den Keller, setzt sich aufs Weinfass und reitet mit dem Fass auf die Straße.

„Was?“ Der Wirt und seine Helfer sind sprachlos.

Faust reitet auf dem Fass ins Gasthaus.

Zwei oder drei Tage trinken er und seine Freunde ohne Pause.

„Weißt du, dass auch der Kardinal Campegius da ist?“ fragt einer von Fausts Freunden.

1. **r Neunmalkluge**: (ironisch) sehr Intelligente.

„Campegius? Aus Rom?“

Faust geht zum Haus des Bischofs. Dort stehen viele Wagen vor der Tür.

Er geht hinein. Viele wichtige Leute stehen im Saal. Der Bischof, die Magistrate, auch der Bürgermeister von Leipzig ist da.

„Zu viele Leute“, denkt Faust. „Da kann man nichts machen.“ Doch hat er gehört, dass der Kardinal am nächsten Tag mit wenigen Freunden eine Landpartie machen will.

Faust geht zu Fuß hin. Seine Freunde kommen mit.

Als sie den Kardinal sehen, erklärt Faust seinen Freunden: „Ich will hier ein wenig Theater spielen.“

Plötzlich ist er weg.

Kurze Zeit später ist er wieder da. Er trägt jetzt die grüne Kleidung eines Jägers [2] und hat ein Jagdhorn in der Hand.

„Aber Faust“, sagen die Freunde, „nur der König darf hier jagen!“

„Jaja. Den König will ich nicht stören.“

Da sehen sie es: ein Hase fliegt vor ihnen durch die Luft, am Kardinal vorbei.

Ein Fuchs fliegt hinter dem Hasen her.

Da kommt Mephistopheles mit vier Jagdhunden geflogen.

„Tutuut!“ Faust bläst ins Horn und fliegt hinter ihnen her.

Vor dem Kardinal bleibt er stehen.

Der Kardinal lacht.

„Ich hoffe, unsere kleine Jagd hat Ihnen gefallen“, sagt Faust.

„Wunderbar“, sagt der Kardinal. Er lacht immer noch. „So etwas habe ich noch nicht gesehen! Sagen Sie, wer sind Sie denn? Kennen wir uns?“

2. **r Jäger(=):** schießt Tiere tot.

„Magister Faust."

„Ach Sie sind Faust! Ich habe schon sehr viel von Ihnen gehört. Sagen sie ..."

Er nimmt Faust am Arm und geht mit ihm ein paar Meter weiter.

„So einen wie Sie kann ich brauchen. Wollen Sie nicht mit mir nach Rom kommen? Ich zahle gut, lieber Faust."

„Vielen Dank, Herr Kardinal. Aber ich habe schon einen Herrn. Den Herrn der Welt!"

Er lacht laut. Dann fliegt er weg.

Man hört ihn noch eine Zeit lang lachen.

Auf dem Rückweg nach Wittenberg macht die kleine Gruppe bei einem Cousin eines der polnischen Studenten halt. Der Burgherr gibt ein großes Fest für die Gäste aus Wittenberg.

„Wir müssen los!" sagt da einer von ihnen. „Es gibt bald Regen."

Alle sehen aus dem Fenster. Dicke schwarze Wolken am Horizont.

„Nein, seht nur! Ein Regenbogen!"

Im Westen steht ein Regenbogen am Himmel.

„Möchtet ihr den aus der Nähe sehen?" fragt Faust.

„Wie, aus der Nähe?"

Faust steckt die Hand zum Fenster hinaus und zieht sie dann zurück in den Saal.

Der Regenbogen kommt durchs Fenster in den Saal. Faust hält ihn.

„Nun? Was sagt ihr? Sollen wir ein wenig auf dem Regenbogen reiten?" fragt Faust.

Reiten? Auf dem Regenbogen? Die Anderen bekommen Angst.

„Lass nur, Faust! Ein anderes Mal!"

Da nimmt Faust die Hand vom Regenbogen und der zieht sich zurück.

Was steht **im Text?**

Textverständnis

1 Was ist richtig? Kreuze an.

1 Die jungen Männer wollen
- a ☐ auf die Frankfurter Messe.
- b ☐ zur Messe am Sonntag.
- c ☐ nach Leipzig.

2 Faust bringt sie
- a ☐ mit dem Mantel hin.
- b ☐ mit dem Pferdewagen hin.
- c ☐ mit dem Auto hin.

3 Sie kommen am Zielort
- a ☐ schneller als gedacht an.
- b ☐ erst am nächsten Tag an.
- c ☐ überhaupt nicht an.

4 Faust hört, dass es in der Stadt
- a ☐ eine große Messe gibt.
- b ☐ Zauberer gibt.
- c ☐ nichts zu essen, aber viel zu trinken gibt.

5 Die Männer lassen sich
- a ☐ köpfen.
- b ☐ sehen.
- c ☐ bezahlen.

6 Der Kopf wird
- a ☐ rasiert und dann wieder aufgesetzt.
- b ☐ rasiert und dann weggestellt.
- c ☐ frisiert und dann verkauft.

7 Den Leuten im Publikum gefällt es,
- a ☐ dass jemand sie um Geld bittet.
- b ☐ dass jemand erst geköpft wird und dann weiterlebt.
- c ☐ dass jemand erst geköpft und dann vom Barbier rasiert wird.

2 **Was ist richtig?**

1 Faust trägt allein ein Fass Wein aus dem Keller.
2 Er darf das Fass Wein behalten.
3 Faust führt dem Kardinal eine Jagd durch die Luft vor.
4 Faust geht mit dem Kardinal jagen.
5 Der Kardinal will Faust ins Gefängnis stecken.
6 Bei einem Abendessen zieht Faust einen Regenbogen in den Saal.

Wortschatz: Feste

3 **Es gibt im Laufe des Jahres viele Feste zu feiern. Setze ein.**

Geburtstag Hochzeitstag Messe Kirmes Kirchweih Weihnachtsmarkt Weinfest Schützenfest

1 Wenn die .... in der Kirche stattfindet, heißt das auch Gottesdienst. Etwas anderes sind die .... in großen Städten, bei denen Unternehmer ihre Produkte vorstellen.
2 An meinem .... werde ich ein Jahr älter.
3 An unserem nächsten .... sind wir zwanzig Jahre verheiratet.
4 Jedes Jahr, am Feiertag des Namenspatrons, feiert man in süddeutschen Dörfern die ....
5 Einmal im Jahr treffen sie sich und schießen und wer am besten schießt, wird ihr König. Das ist das ....
6 In den Wochen vor dem 24.Dezember gibt es in vielen deutschen Städten einen .... Der berühmteste ist der Christkindlesmarkt in Nürnberg.
7 Im Oktober, wenn die Ernte vorbei ist, treffen sich die Winzer, wählen eine Königin und trinken viel. Das ist das ....
8 Meistens kommen die Schausteller einmal im Jahr ins Dorf und bauen ihre Karussels auf. Das ist die ....

Grammatik

4 Eine andere grammatische Konstruktion mit dem Hilfsverb *werden* ist das Passiv. Bilde aus diesen Passivsätzen Aktivsätze.

1 Er wird von ihr angesehen.
2 Sie wird morgen von Familie Meyer verkauft.
3 Wir werden dieses Jahr nicht versetzt!
4 Hier wird viel gearbeitet.
5 Ihr wird von niemandem geholfen.
6 Ihnen wird von mehreren Personen gefolgt.
7 Ihnen werden drei Euro gegeben.
8 Es wird geholfen.

5 Und jetzt umgekehrt. Aktiv ins Passiv.

1 Der Pastor tauft das Kind.
2 Der Vater nennt das Kind "Oskar".
3 Der Vater umarmt die Mutter.
4 Die Großmutter legt das Kind ins Bettchen.
5 Der Großvater hilft der Großmutter.
6 Der Zauberer verwandelt mich in einen Frosch.

Sprich dich aus!

6 Erwischt! Du stehst im Tresorraum der Europäischen Zentralbank oder im Zimmer des Direktors deiner Schule, als ein Nachtwächter kommt und fragt, was du dort machst. Was antwortest du?

Schreib's auf

7 Zu Karneval verkleiden sich viele Leute. Viele gehen als Cowboy oder Indianer, als Pirat oder Geist. Und du, was ziehst du an? Beschreibe eine Verkleidung, die zu dir passt.

Die Leipziger Messe

Eine Gruppe von Studenten will auf die Leipziger Messe. Verständlich, denn dort ist immer etwas los. Seit vielen hundert Jahren.
Öffne die Website www.blackcat-cideb.com.
Gehe dann auf den Menüpunkt *Students*, danach auf *Lesen und Üben*. Suche dann den Titel des Buches und du bekommst die genaue Link-Angabe.
Klicke auf „Für Besucher".
Gehe dann auf „Intenationaler Besucherservice"

Beantworte die folgenden Fragen:

a Hilft die Messe Deutschen, die dort etwas an Ausländer verkaufen wollen, bei Sprachproblemen?
b Hilft die Messe Ausländern, die Deutschen etwas verkaufen wollen, bei Sprachproblemen?
c Ich will dort ausstellen und suche Kontakt zur Leipziger Industrie- und Handelskammer. Hilft mir „Messe Leipzig"?

Klicke jetzt im Menü links auf „An- und Abfahrt" und beantworte die Fragen:

d Wie komme ich mit Bus oder Straßenbahn zur Messe?
e Wie lange dauert die Fahrt vom Hauptbahnhof?

Und zum Abschluss: finde heraus, welche Messen in Leipzig in den nächsten drei Monaten stattfinden!

KAPITEL 7

Fausts Karneval

Karneval ist da. Faust lädt am Montag zu sich nach Hause ein. Viele Studenten kommen. Man isst und trinkt.

Doch plötzlich sagt Faust: „Der Wein hier ist gut, aber beim Bischof von Salzburg, da gibt es noch besseren!" Dann steht er auf und ruft: „Wer kommt mit mir nach Salzburg? In den Weinkeller des Bischofs!"

Die Studenten kennen ihren Faust und gehen ihm nach.

An einem Apfelbaum steht eine Leiter [1]. Faust steigt nach oben und setzt sich hin.

„Wer mit will, soll sich auch auf die Leiter setzen!"

Das tun die Studenten.

Und so fahren sie durch die Nacht.

Kurz nach Mitternacht kommen sie im bischöflichen Keller in Salzburg an.

Sie machen Licht und nehmen sich jeder ein paar Flaschen Wein.

1. **e Leiter(n):** darauf kommt man nach oben.

Dann setzen sie sich und trinken.

„Auf die Gesundheit des Bischofs!“

Der Wein ist wirklich sehr gut. Und es ist sehr viel da.

Schon seit mehr als einer Stunde sitzen sie da und trinken, da geht die Tür auf.

Vor ihnen steht der Kellermeister.

Er kann es nicht glauben: um ein Uhr morgens sitzen da betrunkene Studenten im Weinkeller des Bischofs. „Was tun Sie hier?“ will er wissen.

„Wir trinken“, antworten sie.

„Wir trinken auf die Gesundheit des Bischofs!“

„Aber ... aber das ... aber der teure Wein! Hilfe!“ Er will aus dem Keller laufen und Hilfe holen.

Doch Faust packt ihn am Arm.

„Es ist Zeit“, sagt er den Studenten. „Nehmt jeder noch eine Flasche vom besten unter den Arm und dann fahren wir nach Hause.“

Schnell setzen sich wieder alle auf die Leiter und die Fahrt geht los.

Den Kellermeister nehmen sie mit.

Kurze Zeit später fliegen sie über einen Wald.

Da sieht Faust einen sehr hohen Baum. Dort setzt er den Kellermeister ab.

Dann fliegen sie zu Fausts Haus, wo sie noch bis zum Morgen weiterfeiern.

Der Kellermeister, halb tot vor Angst und Kälte, sitzt die ganze Nacht oben auf dem Baum.

Am Morgen ruft er um Hilfe, doch erst zur Mittagszeit kommen zwei Bauern vorbei und hören das dicke Vögelchen im Baum rufen.

„Holt Hilfe, bitte! Ich bin der Kellermeister des Bischofs. Geht

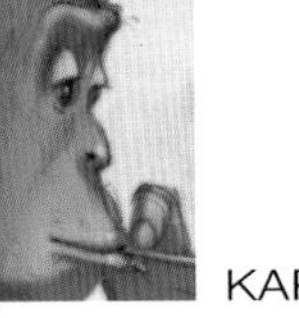

zum Bischof und sagt ihm, wo ich bin. Ich bezahle euch auch. Ich gebe euch viel, viel Geld!"

Das lassen sich die beiden Bauern nicht zweimal sagen.

Sie laufen in die Stadt.

Dort will ihnen aber niemand glauben. Auch der Bischof nicht. „Mein Kellermeister sitzt mitten im Wald auf einem hohen Baum? So so." Er lässt den Kellermeister rufen.

Wenig später kommt ein Diener und sagt: „Der Kellermeister ist nicht zu finden, Herr. Und die Tür zum Weinkeller steht offen!"

Jetzt glaubt der Bischof den Bauern doch.

„Geht mit den Bauern in den Wald und bringt mir meinen Kellermeister wieder!" sagt er seinen Leuten.

Die halbe Stadt kommt mit.

Es ist nicht leicht, den müden Kellermeister vom Baum zu holen.

Als er unten auf dem Boden steht, hat er auch nicht viel zu erzählen.

„Ein Magister Faust hat mich dort auf den Baum gesetzt." Viel mehr weiß er nicht.

Auch am Dienstag Abend kommen die Studenten zu Faust.

„Bei Faust gibt es immer gut zu essen und zu trinken!" denken sie.

Doch an diesem Abend ist es anders. Gekochtes Rindfleisch steht auf dem Tisch und Wasser.

Die Gäste sehen sich an.

Sie sprechen nur wenig.

Was ist hier passiert?

„Warten wir es ab!" denkt einer, der Faust schon länger kennt.

Am Ende des Abendessens steht Faust auf und sagt:

„Liebe Freunde, das Essen war bis jetzt ein wenig mager, weil ich es selbst bezahlt habe. Jetzt wollen wir sehen, wie ein Abendessen aussieht, das unsere Herren und Herrscher bezahlen — ob sie wollen oder nicht."

Dann geht er in den Garten. Drei Flaschen stehen da und fünf große Teller. Faust sagt zu Mephisto:

„Erstens bringst du uns ungarischen, französischen und spanischen Wein, so viel wir trinken können. Und zweitens... möchte ich Wild und Fleisch und Fisch, alles schön gebraten, für unser Abendessen."

Eine halbe Stunde müssen sie warten. Dann steht alles Gewünschte da.

„Esst und trinkt, meine Brüder!" ruft Faust und lacht. „Es kommt nicht aus der Hölle, es kommt aus den besten Küchen und Kellern Europas!"

Die letzten Gäste gehen erst am frühen Morgen nach Haus.

Am Aschermittwoch, sagt man, ist der Karneval vorbei. Doch das Fest bei Faust geht weiter.

Mittags sitzen schon wieder die Studenten bei ihm am Tisch.

Zwei große Braten stehen da und ein noch größerer gebratener Kalbskopf [2].

Faust bittet einen Studenten, Portionen abzuschneiden.

Doch als er mit dem Messer an den Kopf kommt, schreit dieser laut: „Zu Hilfe! Zu Hilfe!"

Der Student versucht es noch einmal.

„Zu Hilfe! Mörder!"

Faust liegt vor Lachen unter dem Tisch.

2. **s Kalb(„er):** ein junges Rind.

Die anderen verstehen nicht sofort. Dann lachen auch sie.

Diesmal gibt es auch Musik. Die Gäste freuen sich darüber. Aber woher die Musik kommt? Es sind keine Musikanten und keine Instrumente zu sehen. Nur die Weingläser auf dem Tisch, die beginnen jetzt im Takt zur Musik zu tanzen und wer trinken will, muss mittanzen. Die Gäste lachen.

Faust geht aus dem Zimmer und kommt wenig später mit einem Hahn zurück. Er stellt ihn auf den Tisch.

„Seht mal her, was der kann!"

Der Hahn beginnt zu tanzen und singt dazu altdeutsche Lieder.

So geht das ein paar Stunden lang weiter und schon ist Zeit zum Abendessen.

Großen Hunger hat keiner der Gäste.

„Für den kleinen Hunger habe ich etwas", sagt Faust, und steckt eine Stange durchs Fenster hinaus.

Dann zieht er die Stange wieder herein.

Auf der Stange hängen gebratene Vögelchen.

Die lassen sie sich schmecken und trinken noch mehr Wein dazu.

Auch am Donnerstag ist das Fest nicht zu Ende. Es hat in der Nacht stark geschneit. Faust lädt die Studenten zu einer Schlittenfahrt ein. Da steht auch ein großer goldener Schlitten vor der Tür.

„Wo sind denn die Pferde?" fragt einer der Studenten.

„Brauchen wir nicht!" ist Fausts Antwort.

Sie setzen sich zusammen auf den Schlitten. Aus dem Stall kommen noch vier große Affen und setzen sich hinter die Studenten. Sie haben Musikinstrumente dabei. Als sie zu spielen beginnen, fährt der Schlitten los.

So fahren sie durch die Stadt.

Viele Leute bleiben auf der Straße stehen. „Wie fährt dieser

Schlitten?" fragen sie sich. „Ohne Pferde! Der Faust muss mit dem Teufel im Bunde stecken!"

Die Nachbarn verstehen, dass das, was da in Fausts Haus passiert, nicht in Ordnung ist.

Doch was sollen sie tun? Einer von ihnen, ein alter gläubiger Mann, geht eines Tages zu Faust.

„Lass doch den Teufel!" rät er ihm. „Halte dich an Gott! Hast du denn keine Angst vor der Hölle? Denk ans Paradies!"

Faust hört ihm zu und dankt ihm für seinen Besuch. „Ich will mich bessern!" sagt er dem alten Mann am Ende. Und wirklich bekommt er langsam Angst vor dem Teufel und will den Pakt gern wieder lösen. Doch noch während er so nachdenkt, steht plötzlich Mephisto neben ihm.

„Ach, ach, Magister Faust! So geht das nicht! Tag und Nacht bin ich für dich da und jetzt willst du wieder zu den guten Christenmenschen – so geht das nicht, mein Lieber. Mein Herr hat mir das hier gegeben." Er zieht ein Stück Papier aus der Tasche. „Das unterschreibst du heute Abend noch mit deinem Blut!"

Faust liest, was da geschrieben steht. „Noch einmal der alte Pakt?" fragt er.

„Jawohl."

„Und wenn ich nicht unterschreibe?"

„Dann reiße ich dich in Stücke!" antwortet Mephisto ganz ruhig.

„Schon gut, schon gut."

Faust unterschreibt.

Was steht **im Text?**

Textverständnis

1 Welches Wort passt? Kreuze an.

1 Faust und seine Freunde fliegen auf einer .... nach Salzburg.
a ☐ Treppe b ☐ Leiter

2 Sie wollen in den .... des Bischofs.
a ☐ Weinkeller b ☐ Biergarten

3 Als sie da sitzen und trinken, kommt der ....
a ☐ Kellermeister b ☐ Portier

4 Sie fliegen weg und nehmen den Mann mit, den sie auf einem .... absetzen.
a ☐ Hausdach b ☐ Baum

5 Der Mann bekommt erst am folgenden Tag Hilfe, weil ihn .... gehört haben.
a ☐ Bauern b ☐ Meister

6 Am Abend lässt Faust Speisen und .... aus Herrenhäusern bringen.
a ☐ Getränke b ☐ Wagen

7 Der gebratene Kalbskopf auf dem Tisch schreit um ....
a ☐ Geld und Leben b ☐ Hilfe.

8 Faust stellt dann auch einen .... auf den Tisch, der tanzt und singt.
a ☐ Mann b ☐ Hahn

9 Am Donnerstag fahren Faust und seine Freunde auf einem Schlitten ohne .... spazieren.
a ☐ Pferde b ☐ Motor

Wortschatz: Religion

2 **Religion hat ihre Worte. Einige wichtige Wörter des katholischen Christentums stehen hier in der Liste. Setze sie ein, wo sie passen.**

Altar Beichte Fegefeuer Gottesdienst Himmel
Hölle Kardinal Papst Pastor Weihwasser

Der (**a**)................. steht über dem Bischof. Wer gut ist, kommt in den (**b**)................. . Der (**c**)................. liest die Messe. Statt Messe sagt man auch (**d**)................. . Wer böse ist, kommt in die (**e**)................. . Der (**f**)................. ist der "Chef" der katholischen Kirche. Manche kommen nicht sofort ins Paradies, sondern erst nach ein paar tausend Jahren: erst müssen sie ins (**g**)................. . Wer etwas Böses getan hat, kann das dem Pastor in der (**h**)................. sagen. Das neugeborene Kind wird mit (**i**)................. getauft. In der Messe steht der Pastor am (**j**)................. .

Grammatik

3 **Was ist Passiv, was ist Futur?**

		Passiv	Futur
1	Das Kind wird morgen getauft.	☐	☐
2	Dir werde ich es zeigen.	☐	☐
3	Er wird von seiner Frau geschlagen.	☐	☐
4	Er wird morgen gewaschen.	☐	☐
5	Wir werden es morgen verkaufen.	☐	☐
6	Er wird es ihr gern verkaufen.	☐	☐
7	Er wird verkauft werden.	☐	☐

Sprich dich aus

4 **Du willst deine große Liebe heiraten, und zwar sofort. Wie erklärst du das deinen Eltern? Was wird mit dem Lernen, dem Studium, der Arbeit?**

Schreib's auf

5 **Viele Menschen sind in der Ehe nicht glücklich. Sie streiten immer oder sprechen nur wenig miteinander, sie machen wenig zusammen oder langweilen sich, wenn sie zusammen sind. Was ist für eine glückliche Ehe wichtig? Schreibe fünf Ratschläge auf.**

KAPITEL 8

Faust will heiraten

So lebt Faust viele Jahre lang. Er isst und trinkt, auch Frauen hat er. Er hat Spaß mit seinen Freunden und macht ab und zu eine Reise.

10

Doch eines Tages sieht Faust ein junges Mädchen vor seinem Fenster vorbeigehen.

„Teufel!" sagt er. „Ist die hübsch, die Kleine!"

Ihre Augen leuchten blau, ihr Haar ist blond wie Gold, und ihre Figur!

Er fragt Mephistopheles nach ihr. „Ach, die!" antwortet der. „Das neue Dienstmädchen deines Nachbarn. Ja, die ..."

„Was?"

„Nun, die ist nichts für dich. Die geht jede freie Minute in die Kirche."

„Ach was!" Am selben Abend noch wartet Faust vor dem Haus auf das Mädchen.

Es kommt gerade aus der Kirche.

„Junge Dame, darf ich Sie zu einem Glas ..."

„Bin keine Dame", sagt sie. „Und ich trinke nicht. Gute Nacht, mein Herr."

Am nächsten Tag versucht er es wieder, fragt sie, woher sie kommt und wie sie die Stadt findet.

Sie antwortet nur kurz und geht weiter.

Am dritten Abend will Faust ihr etwas schenken. Ein Armband aus Gold.

„Aber nein, mein Herr, was denken Sie?" fragt sie ihn. „Dafür wollen Sie sicher etwas von mir!"

„Nur einen Kuss!"

„Um Gottes Willen! Sind wir verheiratet?"

„Verheiratet! Ein Küsschen! So ein hübsches Mädchen wie du, das hat doch sicher einen Liebsten, oder?"

„Hab keinen Liebsten und küss auch keinen. Erst nach der Hochzeit!"

Auch in dieser Nacht kann Faust nicht einschlafen.

„Heiraten! Heiraten will sie! Das gibt es nicht!"

Doch beim Frühstück denkt er: „Naja, dann heirate ich sie."

Und schon steht Mephisto neben ihm.

„Mein lieber Faust. Denk an den Pakt! Heiraten ist dir verboten. Das mit dem Heiraten, das ist eine Idee von dem da oben. Und sieh dich doch um: sind verheiratete Leute vielleicht glücklich? Sie streiten den ganzen Tag, der Mann darf nicht mehr trinken, muss immer arbeiten und sie putzt und wäscht und schimpft [1] und wird dick und alt und hässlich."

Faust denkt an die Familien in der Nachbarschaft. „Ganz Unrecht hat er nicht, der Mephistopheles!"

Aber dann denkt er wieder an das schöne junge Mädchen.

„Ach was! Geh mir zum Teufel mit deinen Verboten! Wenn ich heiraten will, dann heirate ich. Und damit basta!"

1. **schimpfen:** böse Dinge sagen.

Dann geht er nach oben in sein Studierzimmer.

Doch nur wenige Minuten später kommt ein Gewitter auf. Der Wind wird immer stärker.

Fenster zerspringen. Dann sieht Faust Feuer im Zimmer! Feuer! Er läuft aus dem Zimmer, aber das Feuer steht im ganzen Haus. Die Haustür geht nicht auf. Er kann nicht hinaus. Da, wie von einer großen Hand gepackt, fliegt Faust durchs Zimmer und fällt auf den Boden. Vor ihm steht der Teufel. Groß und schwarz und mit roten Augen. „Komm mit, Faust! Es ist vorbei!" schreit er.

„Aber bitte, Herr Teufel, vierundzwanzig Jahre steht im Pakt, es ist noch zu früh!" antwortet Faust.

„Im Pakt steht das, wie?" lacht der Teufel. „Und was steht noch im Pakt, Magister Faust?"

„Nun ..."

„Nun?"

„Da steht, ich soll nicht in die Kirche gehen und keine Predigt anhören und ..."

„Und?"

„Schon gut. Ich habe verstanden. Heiraten darf ich auch nicht. Ich will's auch nicht tun. In Ordnung?"

Der Teufel lacht laut und ist nicht mehr zu sehen. Es brennt auch nicht mehr im Haus. Das Gewitter ist vorbei.

Mephistopheles steht neben Faust und gibt ihm die Hand: „Steh auf, Faust."

„Der war wohl böse, wie?" fragt Faust.

„Na ja, wenn du ihm mit heiraten kommst! Aber wir verstehen dich ja auch. Die Frauen hier in Wittenberg sind ja wirklich nicht so schön anzusehen und da hast du dich in so ein junges Mädchen verliebt — aber ich habe da eine Idee."

„Was für eine Idee?"

„Gibt es nicht eine Frau, die du gern haben möchtest?"

„Wie? Eine Frau? Ich weiß nicht, nein."

„Aber du suchst eine Frau. Wie soll sie denn sein?"

„Klug natürlich!"

„Ach, Faust!"

„Und schön."

„Und schön, Sehr schön. Die schönste von allen! So schön wie Helena von Troja!"

„Und diese Helena selbst?"

„Nun ..."

Da steht sie schon vor ihm. Helena, die Schönste der Schönen. Sie trägt ein Purpurkleid. Ihre Haare sind goldblond und gehen bis an die Knie. Aus schwarzen Augen sieht sie Faust an.

„Faust! Endlich!" sagt sie leise: „Nun bin ich dein." Er nimmt sie in den Arm.

Mephistopheles ist nicht mehr zu sehen.

Neun Monate später bekommt Helena ein Kind. Es ist ein Junge. Faust gibt ihm den Namen Justus Faust. „Ein Sohn", denkt er, „der Sohn des Teufels."

Eines Tages — Faust ist allein zu Hause — steht ein Junge vor der Tür.

Er ist schmutzig, seine Kleidung zerrissen.

Er steht da und singt ein christliches Lied.

„Bitte", sagt er dann, „haben Sie etwas zu essen für mich?"

Faust sieht ihn an. Oft kommen Bettler an die Tür, und Faust gibt nicht immer etwas. Doch dieser hier ist anders. Er sieht intelligent aus. Faust bittet ihn hinein. In der Küche stellt er ihm Brot und Wurst auf den Tisch.

„Wie alt bist du denn?" fragt er.

„Ich bin dreizehn, Herr", antwortet der Junge.

„Und deine Eltern?"

„Mein Vater ist Pfarrer. Aber er hat mich oft geschlagen. Immer wieder. Da bin ich weggelaufen."

„Gut gemacht", sagt Faust. „Wenn du willst, kannst du hier bleiben. Ich brauche eine Hilfe im Haus. Und jetzt geh dich erst mal waschen. Wie heißt du eigentlich?"

„Wagner."

Faust gibt ihm Kleidung und ein Zimmer neben seinem.

Erst lässt er ihn einfache Dinge im Haus und im Garten machen.

Aber der Junge kann lesen und schreiben, auch etwas Latein.

Faust lässt sich von ihm auch bei den Büchern und Experimenten helfen. Der Junge lernt schnell. Er stellt niemals dumme Fragen und erzählt niemandem etwas von dem, was er da zu sehen bekommt.

Auch Mephisto macht ihm keine Angst.

„Das ist der richtige", denkt Faust.

Jetzt hat Faust einen Famulus. Schon nach kurzer Zeit hat er ihn sehr lieb gewonnen.

In seiner Freizeit sitzt Wagner in seinem Zimmer und schreibt.

„Was schreibst du da?"

„Ihre Abenteuer schreibe ich auf, Herr. Die Welt muss wissen, wer Johann Faustus ist."

„Aber erst nach meinem Tod!" sagt Faustus. Er freut sich. Er wird in die Hölle fahren, aber er wird berühmt werden.

„Und noch etwas, Herr", sagt Wagner.

„Ich will so werden wie Sie!"

„Nun, mein Lieber, lerne alles, was du hier lernen kannst, studier die Bücher über Schwarzkunst in meinem Zimmer, aber so werden wie ich, das ist keine gute Idee."

Und er erzählt Wagner von seinem Pakt mit dem Teufel.

Diesen Pakt will der Junge nicht schließen.

Doch er bleibt Fausts treuer Famulus.

Was steht **im Text?**

Textverständnis

1 Wer sagt was?

a Faust
b Das junge Mädchen
c Mephistopheles
d Helena von Troja
e Wagner

1 ☐ Mein Vater hat mich immer geschlagen.
2 ☐ Ich trinke nicht.
3 ☐ Du darfst nicht heiraten.
4 ☐ Du suchst eine Frau, das verstehe ich.
5 ☐ Die Welt soll erfahren, wer Johann Faustus ist.
6 ☐ Ich will das Mädchen heiraten.
7 ☐ Ich küsse nur den Mann, mit dem ich verheiratet bin.
8 ☐ Nun bin ich dein.
9 ☐ Ich will so werden wie Sie.
10 ☐ Meine Frau soll so schön sein wie Helena von Troja.
11 ☐ Haben Sie etwas zu essen für mich?
12 ☐ Erst nach meinem Tod soll die Welt erfahren, wer ich war.

2 Beantworte kurz die folgenden Fragen.

1 Warum heiratet Faust das junge Mädchen nicht?
2 Was für eine Frau holt ihm Mephistopheles?
3 Was denkt Faust über seinen Sohn?
4 Warum will Faust nicht, dass sein Famulus so wird wie er?

Wortschatz

3 Du hast viele Wörter kennengelernt, aber weißt du noch den Artikel? Setze ihn ein.

1 .... Weihwasser
2 .... Zauberei
3 .... Hölle
4 .... Himmel
5 .... Fegefeuer
6 .... Kutsche
7 .... Kreis
8 .... Diener
9 .... Ehe
10 .... Messe
11 .... Gottesdienst
12 .... Bein
13 .... Zimmer
14 .... Garten
15 .... Ernte
16 .... Fest

Grammatik

4 Bilde indirekte Fragesätze.

Sie fragt ihn: *„Warum kommst du so spät?“ Sie fragt ihn, warum er so spät nach Hause kommt (komme).*

1 Helena will wissen: „Warum trinkst du immer so viel?“
2 Helena fragt ihn: „Bist du wieder im Labor gewesen?“
3 Sie fragt: „Wann kommst du denn nach Hause?“
4 Er fragt sie: „Was willst du denn immer von mir?“
5 Sie stellt die Frage: „Bin ich denn nicht deine Frau?“
6 Er stellt die Gegenfrage: „Welche Konsequenzen soll das haben?“
7 Sie will wissen: „Liebst du mich denn nicht mehr?“
8 Er fragt sie: „Warum stellst du jetzt diese Frage?“

5 Fragesatz oder nicht? Setze eine passende Konjunktion ein.

Beispiel: Ich komme erst so spät, ...weil..... ich noch zu tun hatte.

1 Weißt du, ... das Zugunglück geschah?
2 Ich möchte gern wissen, ... du aus der Schule kommst.
3 Ich möchte es gerne wissen, ... du aus der Schule kommst.
4 Sie hat mich gefragt, ... ich heute so nervös bin.
5 Es ist, ... ich zwei Liter Kaffee getrunken habe.
6 .... ich sie noch liebe, kann ich dir nicht sagen.
7 Es interessiert mich nicht, ... du sie geküsst hast.
8 Ich werde es dir sagen, ... ich sie küsse.

Sprich dich aus

6 Vierundzwanzig Jahre sind vorbei. Der Teufel kommt dich holen. Was sagst du ihm, damit er dich noch leben lässt?

Schreib's auf

7 Du bist Faust am letzten Tag seines Lebens. Du schreibst deinem Famulus einen Abschiedsbrief. Was rätst du ihm? Was soll er tun, was nicht, um glücklich zu werden?

Hörverständnis

11 **8 Der Teufel ist da. Was sollen wir jetzt machen? Diese fünf Leute haben vielleicht die richtige Idee. Wer sagt was?**

Wer sagt...

1 Ich bin nicht der, den Sie suchen.
2 Nehmen Sie doch etwas anderes als meine Seele!
3 Gehen Sie erst noch einmal vor die Tür!
4 Ich habe keine Seele mehr.
5 Sie können drei Seelen von mir bekommen.

KAPITEL 9

Das Ende

Dreiundzwanzig Jahre, elf Monate und zwei Wochen sind vergangen. 12

Das Ende naht. Faust ruft Wagner zu sich.

„Es ist bald zu Ende, mein Lieber", erklärt er ihm.

Wagner ist traurig.

„Vielleicht können wir doch etwas tun, Herr", sagt er. „Gottes Gnade kennt keine Grenze[1]!"

„Doch", sagt Faust. „Da gibt es nichts mehr zu tun."

Wagner kennt einen Magister der Theologie. Den lässt er rufen.

„Gott hilft allen Sündern", sagt er.

Er liest Faust aus der Bibel vor.

Das hilft: Faust hat etwas weniger Angst.

Doch in der Nacht, wenn er allein ist, kommt die Angst wieder. Dann weiß Faust, dass ihm nicht zu helfen ist.

Am vorletzten Tag kommt Mephistopheles zu ihm.

1. **e Grenze(n):** Linie zwischen zwei Ländern.

Das Ende

„Noch einen Wunsch, Faust?“ fragt er und lacht. „Einen letzten Wunsch?“

„Geh!“ sagt Faust. „Lass mich!“

„Ich gehe, aber du weißt: übermorgen kommt jemand.“

„Ich weiß!“ Faust sitzt an seinem Tisch und weint.

„Warum habe ich nur diesen Pakt unterschrieben? Und wozu? Geld, Spiel und Spaß! Und jetzt, jetzt ist mein Leben zu Ende und ich muss in die Hölle!“

Am letzten Tag ist er ruhig. Er lädt seine Freunde zum Abendessen im Gasthaus ein.

Sie kommen gern.

Man isst, trinkt und lacht.

Kurz vor Mitternacht steht Faust auf.

„Faust hält eine Rede!“ rufen die Freunde und lachen.

„Ja, eine Rede. Eine letzte Rede.“

Die Freunde lachen nicht mehr.

„Ja, meine Lieben, das ist das letzte Mal, dass wir hier zusammen sind. Ich habe immer viel Spaß mit euch gehabt und, glaube ich zu wissen, auch ihr mit mir. Oft habt ihr mich wunderbare Dinge tun sehen und sicher habt ihr euch oft gefragt, wie ich das mache. Wir sind durch die Luft geflogen, wir haben im Keller des Bischofs fremden Wein getrunken, ich wollte auf dem Regenbogen reiten. Die Wahrheit ist, meine Freunde: ich habe vor vierundzwanzig Jahren einen Pakt mit dem Teufel abgeschlossen. Er hat mir all das möglich gemacht und jetzt, heute Nacht kommt er mich holen.

Zum letzten Mal seid ihr heute meine Gäste. Ich bitte euch, geht jetzt auf eure Zimmer und bleibt dort, egal was ihr hört. Und denkt manchmal an mich, euren alten Freund Faust.“

Die anderen sind sprachlos. Faust geht nach oben.

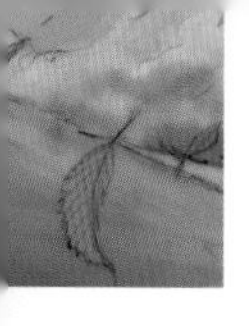

Dann sieht er sie noch einmal an und sagt: „Lebt wohl, Freunde!"

Keiner sagt mehr etwas. Still geht jeder auf sein Zimmer.

Kurz nach Mitternacht hören sie einen Donner. Dann einen Schrei: „Hilfe! Nein!" Möbel fallen um. Noch ein Donner. Ein Sturm kommt auf. Nur kurz, dann ist alles ruhig. Aber keiner kommt aus seinem Zimmer.

Erst am Morgen gehen die Freunde nachsehen.

Fausts Zimmer ist voller Blut. Zerschlagene Möbelstücke auf dem Boden. Aber wo ist Faust? Er liegt im Garten.

„Da kann er nicht bleiben. Er muss unter die Erde!" denken sie.

Sie bringen ihren toten Freund zum Priester.

„Hier, dieser Mann lag tot auf der Straße", erklären sie ihm. „Wir kennen ihn nicht. Aber können Sie ihn bitte beerdigen? Wir geben Ihnen einen Goldtaler."

Am Rande des Friedhofs wird Faust beerdigt.

Der Prieser spricht ein schnelles Gebet [2].

Ein Gewitter kommt auf. Es stürmt und regnet.

Als Faust unter der Erde liegt, scheint wieder die Sonne.

Nachmittags, Wagner sitzt in der Tür und ist traurig, kommt Fausts Sohn zu ihm.

„Wagner", sagt er. „Wir sind dann weg. Du kannst alles haben, was Faust gehört hat."

„Was heißt das: ihr seid weg?"

Am Baum sieht er Helena, Fausts schöne Frau stehen.

Fausts Sohn geht zu ihr.

Sie nimmt ihn an der Hand. Dann sind sie plötzlich weg.

Wagner ist jetzt allein auf der Welt.

2. **s Gebet(e):** so spricht man zu Gott.

Was steht **im Text?**

Textverständnis

1 Welche Antwort ist richtig? Kreuze an.

1 Was sagt Faust seinem Famulus? Er sagt ihm,
- a ☐ dass er nicht mehr viel Zeit zu leben hat.
- b ☐ dass die Party bald zu Ende ist.
- c ☐ dass er nicht in der Bibel lesen darf.

2 Was will der Famulus tun, um Faust zu helfen?
- a ☐ Er will noch einmal ein Fest geben.
- b ☐ Er will den Pastor holen.
- c ☐ Er will einen Experten für Theologie holen.

3 Was antwortet Faust, als Wagner ihm sagt, „Gottes Gnade kennt keine Grenze“?
- a ☐ „Doch“, sagt er. „Sie hat eine Grenze.“
- b ☐ „Doch“, sagt er. „Das glaube ich auch.“
- c ☐ „Nein“, sagt er. „Hat sie nicht.“

4 Was tut Faust am letzten Abend seines Lebens?
- a ☐ Er gibt bei sich zu Hause ein Fest.
- b ☐ Er gibt im Wirtshaus ein Abendessen für die Freunde.
- c ☐ Er begibt sich ins Gasthaus und trinkt dort allein.

5 Was sagt Faust seinen Freunden?
- a ☐ „Bitte kommt mit und helft mir gegen den Teufel!“
- b ☐ „Wenn ihr etwas hört, bleibt in euren Zimmern.“
- c ☐ „Heute Nacht werde ich euch nicht stören.“

6 Was hören die Freunde in der Nacht?
- a ☐ Nur ein sehr lautes Donnern.
- b ☐ Donnern und “Hilfe”-Schreie.
- c ☐ Nichts. Sie können in Ruhe schlafen.

7 Was macht Faust am nächsten Morgen?
- a ☐ Er liegt im Garten und schläft.
- b ☐ Er wartet im Garten auf seine Freunde.
- c ☐ Er liegt tot im Garten und wird schnell beerdigt.

Wortschatz

2 Wer arbeitet wo? Verbinde.

1	☐	Alchimist	a	Kanzlei
2	☐	Rechtsanwalt	b	Haus
3	☐	Arzt	c	Geschäft
4	☐	Bauer	d	Space Shuttle
5	☐	Lehrer	e	Schloss
6	☐	Chirurg	f	Feld und Stall
7	☐	Verkäufer	g	Labor
8	☐	Diener	h	Praxis
9	☐	König	i	Schule
10	☐	Filmstar	j	Arbeitszimmer
11	☐	Schriftsteller	k	Operationssaal
12	☐	Astronaut	l	Studio

3 Setze das passende Verb in der richtigen Form ein.

Abfahren abhalten abnehmen anfangen
anhalten befehlen ernten schließen

1 .... du heute die Konferenz für mich ....? Ich bin krank.

2 Er macht jetzt viel Sport und .... wöchentlich drei Kilo ....

3 Wir sind da! .... den Wagen ....!

4 Es ist Zeit. .... wir ....!

5 Du .... mir, ich soll aus dem Fenster sprigen?

6 Das Korn auf den Feldern steht schon hoch. Wir können es ....

7 Willst du nicht noch kontrollieren, ob du die Tür .... hast?

8 Der Kurs .... in sehn Minuten ....

4 **Setze passende Präpositionen ein.**

r Anfang **r Halt** **r Befehl** **e Ernte** **s Schloss**

1 Die Bauern fahren zur .... aufs Feld.
2 Der .... des Generals gefiel uns nicht. Wir taten, was wir wollten.
3 An der Tür hängt ein .... .Sie geht nicht auf.
4 Nächster .... Alexanderplatz. Bitte aussteigen. Endstation.
5 Am .... sprechen wir über eure Motivation.

Grammatik

5 **Setze passende Präpositionen ein.**

1 Faust hat Angst .... dem Tag, ... dem der Teufel kommt.
2 Taufen und Hochzeiten werden .... Pastor .... der Kirche durchgeführt.
3 Faust hofft auch nicht mehr .... Gottes Gnade, er weiß zu viel .... Theologie.
4 Faust weiß, dass .... seinem Tod auch seine Frau und sein Sohn nicht .... der Erde weiterleben werden.
5 Als der Teufel .... ihm kommt, ist Faust allein .... seinem Zimmer.
6 .... nächsten Morgen finden die Freunde Faust .... Garten.
7 .... seiner Beerdigung .... Rande des Friedhofs kommt ein Sturm auf.
8 Fausts Famulus sitzt .... der Tür und denkt, dass er jetzt allein .... der Welt ist.

Sprich dich aus

6 **Ist es richtig, dass der Teufel Faustus holt? Oder soll Gott etwas für ihn tun?**

Schreib's auf

7 **Am Morgen hat man ihn tot im Garten gefunden. Wie war seine letzte Nacht? Schreib eine kurze Erzählung.**

Textverständnis

1 Weißt du's noch? Wer ist wer und wer macht was?

1 ☐ Helena von Troja
2 ☐ der Teufel
3 ☐ das schöne Mädchen aus der Nachbarschaft
4 ☐ Fausts Vater
5 ☐ Fausts Onkel
6 ☐ Mephistopheles
7 ☐ Wagner
8 ☐ drei adelige Wittenberger Studenten
9 ☐ ein Wittenberger Jude
10 ☐ der Kardinal

a applaudiert Faust für seine Jagd durch die Lüfte.
b will Faust nicht küssen, weil sie nicht verheiratet sind.
c dient Faust 24 Jahre lang.
d leiht Faust Geld und bekommt es nie wieder.
e fliegen mit Faust zu einem Hochzeitsfest nach München.
f ist ein armer Junge und wird Fausts Famulus.
g schreibt seinem Bruder, damit sein Sohn in der Stadt die Schule besuchen kann.
h wird Fausts Frau.
i freut sich über den intelligenten Jungen und lässt ihn studieren.
j holt nach vierundzwanzig Jahren Fausts Seele.

Wortschatz

2 Setze die fehlenden Substantive ein.

1 Der Alchemist arbeitet im ....
2 Der .... kann auf dem Mantel durch die Luft fliegen.
3 Faust schließt einen .... mit dem Teufel.
4 Der Teufel schickt Faust einen ...., der alles tun soll, was Faust will.
5 Nach vierundzwanzig Jahren holt der Teufel Fausts ....
6 In Fausts Haus wohnt dann nur noch der ....
7 Der .... sieht die Zukunft voraus.
8 Nach dem Regen kann man manchmal einen .... am Himmel sehen.

Grammatik

3 Setze die passende Form von *werden* ein.

1 Ich .... ihn nie wiedersehen.
2 Ihr .... ein Auto geschenkt.
3 Mir .... zwei neue Fahrräder gebracht.
4 Uns .... nicht geholfen.
5 Unserer Lehrerin .... nichts geschenkt.
6 In ein paar Jahren .... wir in den USA leben.
7 Was .... du morgen machen?
8 Ihm kann nicht geholfen ....

4 Wann und wo habt ihr euch kennengelernt?

Beispiel: *Mittag / Schwimmbad* → *Am Mittag im Schwimmbad*

1 August / Meer ....
2 Nacht / Straße ....
3 Weihnachten / Köln ....
4 Sommerferien / Schweiz ....
5 erste Klasse / Schule ....
6 2009 / Kindergarten ....